尼采

在世纪的转折点上

◎[德] 尼采　著 ◎陶红亮　编译

中国出版集团　现代出版社

图书在版编目（CIP）数据

在世纪的转折点上 /（德）尼采著 ；陶红亮编译
. -- 北京 ：现代出版社，（2024.5重印）
ISBN 978-7-5143-8366-9

Ⅰ. ①在… Ⅱ. ①尼… ②陶… Ⅲ. ①尼采(Nietzsche, Friedrich Wilhelm 1844-1900)－哲学思想－通俗读物 Ⅳ. ①B516.47-49

中国版本图书馆CIP数据核字(2020)第023242号

作　　者　（德）尼　采　著；陶红亮　编译
责任编辑　杨海珊

出 版 人　乔先彪
出版发行　现代出版社
地　　址　北京市安定门外安华里504号
邮政编码　100011
电　　话　(010) 64267325
传　　真　(010) 64245264
网　　址　www.1980xd.com
电子邮箱　xiandai@vip.sina.com
制　　版　冰河文化
印　　刷　三河市富华印刷包装有限公司
开　　本　880mm×1230mm　1/32
印　　张　7
字　　数　151千字
版　　次　2020年9月第1版　2024年5月第2次印刷
书　　号　ISBN 978-7-5143-8366-9
定　　价　59.80元

前言

弗里德里希·威廉·尼采（1844—1900），德国著名的哲学家、文化批评家，19世纪70年代至80年代著述颇丰。他以毫不妥协地批评欧洲传统道德和宗教、传统哲学思想以及现代性相关问题而闻名。此外他还用其心理学分析来支持关于自我本质的原始理论，并提出了具有挑衅性的新价值观。尼采认为，与其所批判的传统价值观相比，新价值观将有效促进文化方面的更新，有利于改善社会以及心理生活。

尼采于1844年10月15日出生在罗肯（莱比锡附近），他的父亲是基督教新教牧师。1849年，父亲去世后，全家搬到了瑙姆堡。在那里，他在一个由母亲、祖母、两位姑母和妹妹伊丽莎白组成的家庭中长大。尼采在小学、中学和大学里都有着堪称辉煌的学习与工作经历，1869年5月，他被巴塞尔大学聘为古典语言学教授，年纪轻轻其职业成就就达到了顶峰。当尼采还是莱比锡大学的学生时，他遇到了理查德·瓦格纳。自他搬到巴塞尔后，就成了瓦格纳家的常客。二者之间建立了深厚的友谊，这段友谊一直持续到19世纪70年代中期。但是到了后来，尽管尼采协助完成瓦格纳的拜罗伊特项目的早期计划，但是尼采并不喜欢那里的文化氛围，他与瓦格纳的关系在1876年后开始恶化。尼采的身体总是虚弱而多病，这迫使他在1877年离开巴塞尔，并利用这段时间对传统道德和文化进行了广泛的自然主义批判，出版了《人性的，太人性的》（1878）这本著作。后来，尼采的健康状况并没有明显改善。到1879年时，他被迫辞去教授职务，反而因此获得了写作的自由，并形成了自己独特的风格。此后，尼采几乎每年都出版一本书，包括《曙光》（1881）、《快乐的科学》（1882）、《查拉图斯特拉如是说》（1883）、《善恶的彼岸》（1886）、《道德的谱系》（1887）和《偶像的黄昏》（1888）等。1889年，尼采精神崩溃，从此再也没有恢复，在母亲和妹妹的照料下一直活到1900年去世。

尼采卒于跨世纪的公元1900年，他的思想也有如跨越世纪的一道曙光，和当时的哲学思想所拉开的巨大距离是有目共睹的。在那世纪的转折点上，尼采恰如其分地、真实地扮演了他自己所构建的超人角色，犹如晴空下的一声迅雷、一道闪电，开启了新世纪的序幕。尽管他的身体留在了世纪的末端，但其灵魂却引领了下一个时代，也成了世纪的起点。

尼采的思想主要可以归纳为权力意志和超人哲学。在权力意志的理论体系里，尼采指出现代社会的僵硬模式正在压榨着生命的本能，要恢复这种本能，就需要对生命价值做出新的评估。

在叔本华的启迪下，尼采提出了权力意志的概念。他激烈地批判早已瓦解的基督教道德体系，认为上帝已死，人类有了解放自身的机会，必须重塑人类的价值观，这个价值观就是以人的意志为基础。尼采要建立的是在理性之上的学说，即强力意志论，它强调生命和人生的现世意义。要注意的是，强力意志不是关于世俗的权利追求，主要推崇的是人类的本能且非常理性的力量，其主要要素为生命活力的活跃、激情和狂放等，它让有限的肉体生命在精神的无限焕发下也能最终实现人生价值。至于超人哲学，则可以看作尼采之前所有理论的结晶、提炼和升华，在不断强调和肯定生命本身的价值和意义的基础上，超人就成为了上帝的合理替代，它并不是字面意义上的超越的人，而是一种新人类和未来人的形象。这个建构尼采在当时也是主要当作人类目标来建立的。

因为篇幅所限，本书介绍的尼采生平与思想只能从大体轮廓来归纳。实际上尼采的生命哲学是十分错综复杂的，本身还带着一些看起来互相矛盾的地方，这些都是尼采不断超越自我、不断否定自身的必然结果。为了厘清这些枝枝蔓蔓的东西，本书在上篇对尼采的生平进行了详细的讲述，从他的童年和青少年时期的思想萌动，到遇到叔本华、里契尔和瓦格纳这三位对他思想发展影响深远的人，再到从教生涯和思想收获的黄金十年。此外，还包括尼采从军生涯和老年生活的讲述，较为详尽地包含了他一生的主要事件。在下篇中，则对尼采的主要思想进行了仔细梳理，按照关键词主要有关于内心、表象、心智、道德、人性、自由、自我批判、感知心灵、意志、审美与爱等，较为综合地说明和分析了他的主要思想。

本书尤其适合对尼采此人或其思想感兴趣的广大读者朋友们阅读。尼采的人生曲折多变、颠沛流离，就像一曲跌宕起伏的战斗之歌。反过来，这也体现着尼采的不屈精神。在他不羁而斗争的一生中，产生了纷繁复杂、琳琅满目的哲学思想，本书都尽量摘其主旨进行描述，最大可能地给读者传达一个生动而鲜明的尼采形象。目前，市场上关于尼采的书籍还是较为丰富的，但这样反而让读者一时不知如何选择，本书正是为了满足这些对于尼采有着极大兴趣，又一时找不到入手点的朋友而量身定制的。它较为综合地展示了尼采本人及其思想，是较为理想的了解尼采的入门读物。但是也要注意，鉴于尼采所处时代和尼采本身思想特征的特殊性，要求我们在阅读的时候要清晰地辨识哪些是适合我们的，哪些只需作为了解去认识即可，切忌断章取义或是从字面上妄自解读，避免使阅读的效果大打折扣，或者自身的思维受到消极影响。

目录

上篇　尼采的生平

下篇　尼采的哲学思想

上篇 尼采的生平

尼采，德国著名的哲学家，西方现代哲学的开创者。他于1844年生于普鲁士萨克森州，于1900年去世。本篇以时间为线索，对尼采自出生到去世的整个生命进程进行了精准的描写，向读者展示了一个听从内心召唤的真正思想者的特立独行的一生。通过阅读本篇，我们将知道尼采到底是一个怎样的人，为什么他的思想会遭到人们的普遍误解。

第一章　天赋四射的童年时代

中西方的观念一般都认为，家庭的氛围和童年的成长过程对一个人思维模式的塑造起到决定性的影响作用。这一点在弗里德里希•威廉•尼采的身上表现尤甚，他出生于一个牧师世家，祖辈都虔诚地信奉路德教[①]。和家庭大部分成员一样，尼采的生父卡尔•路德维希•尼采按部就班、义不容辞地踏上了侍奉主的事业，成了一名牧师。其所关心的事情也就注定了和市井民众所忧虑的大相径庭，性格也必然和社会之潮流风尚有所差异。他本来承蒙王上的庇护，可以有一个大好前程，可惜早早地就疾病缠身，这就使得他不得不把很多时间用在了养病上。

由于无法去上流击水，卡尔•路德维希•尼采十分从容地退居偏僻山村，在那里一面休养生息，一面为教区贡献微薄的力量。他的性格倒也适合那幽闭的环境，平时利用其独特的音乐天赋陶冶教区的民众，可谓乐在其中，这些特殊的环境与氛围都为小尼采的童年成长埋下了伏笔。1844 年，在夫妇俩婚后的第四个年头，弗里德里希•威廉•尼采诞生了，他的生日和国王是同一天，这让其父十分开心，他赐予尼采的也是与王上相同的名字。

尼采从生下来就隐隐散发着哲学家的特质，平时沉默寡言，喜欢用严肃而又充满深度的眼神静静地盯视着身边的所有事物。

---

①路德教：最早的新教教派，以马丁•路德的宗教思想为基础，强调因信称义，也被称为信义宗。

尼采开始说话的时间晚于一般孩子，一直到他两岁半的时候才学会说话，但这并不妨碍父亲对他的爱。虽然那时候尼采还非常小，但是他经常可以回忆起爸爸牵着自己的手，徜徉于大自然的丛林绿水之中的场景，在父爱的环抱下体会那生命最为原本的快乐，这种早期温暖的营造也许是尼采一生激情迸发的原动力之来源。

可是，尼采的非凡是无法全然由火红的暖色调气氛培养而成的，另一面的蓝调的冷色也在其心中埋下了种子。后来他身上生发出的忧郁气质，大多根源于其 4 岁时所经历的痛苦的人生变故——父亲的离去①。在那个过程中，尼采在年幼且淡淡的自我意识里常常体验到在那令人惴惴不安的深夜里的哭泣、阴森的报警声音。在他最需要安全感的年龄，却要被残忍地从温馨的家庭庇护中剥离。这一切难忘的可怕经历，都可以从尼采在青年时代回忆幼年时期的一个梦里看出一些端倪：“参天大树的树冠被破坏的时候，那上面寄居的鸟儿也不得不离开。我仿佛听见了悠悠的乐声，那和父亲葬礼上的音乐如出一辙，我惊恐地四面打量，探寻着乐声来自何方。这时候地面崩裂，父亲穿着入葬时候的衣服从下面走出来，走向了教堂，等他走回来，又走进那个裂缝的时候，怀里还抱着一个孩子，裂缝消失了，我也从梦里惊醒。”

这个可怕的梦境竟然在不久之后就应验了，那时尼采刚刚 6 岁，他的弟弟也因病离开了人世，并被安葬在其父的怀中，这和梦里的情况何其相似。这种令人痛苦、惊惧又颇为传奇的人生经

①尼采的父亲于 1849 年因病去世。

历，如果抛开迷信的角度，那只能说明年幼的尼采生来就具有一种超常的敏感性，他会自然地把周围的人和事有机地联系起来综合看待，从而形成一种潜意识，并在梦里重新进行组合与演示。

在家庭遭遇了父亲和弟弟相继离去的巨大悲痛以后，担着无法继续承受的伤感，妈妈带着尼采和他妹妹一同离开了那伤心之地，去到一个河畔小镇上居住，因为那里离亲戚们比较近，可以相互照应。大家族的温暖让两个禁受不住打击的小孩子得以慢慢地调整心情，从伤痛中渐渐走出，用时间治愈着内心的伤口。这个小镇和他们之前待过的乡村有着截然不同的生活环境，各项礼仪制度被执行得井井有条，人们严谨而规范地进行着日常的工作和生活，这恰恰同尼采的性格特征非常吻合。再加上各种新事物的展现，让尼采也开始不断探索和发现着生命的新生的美好。尤其是那宏伟有趣的阅兵与典礼，精彩纷呈的音乐表演，都给尼采幼小的心灵注入了鲜活的养料。

父亲的影响在尼采的心中是根深蒂固的，因此他从小就希望继承父辈的衣钵，立志成为一名为大众传播福音的牧师。虽然当时他的年龄还非常小，却显现出了和其年纪十分不协调的谨慎态度，无论做什么事情都会一丝不苟地严格要求自己。他有着极强的自尊心和敏感性，倘若因为自己犯了错而受到哪怕一丁点儿责备，他的心里都会震动不已、如履薄冰。他的克己复礼表现得十分鲜明，有一回，天上正下着瓢泼大雨，尼采全然不理睬，依旧迈着日常的稳重步伐缓缓前行，妈妈看到了，心痛地问他为什么不快点跑回家，他回答道："老师教育我们不能在街上胡乱跑动。"也许有人会把这种僵化的服从看成一种迂腐，事实上，这是尼采愈加成熟的内心对其信仰的一种虔诚追求。

在祖母的言传身教下，尼采从小就对家族的血脉充满了自豪和骄傲之情，他深信自己的血统是高贵的。因此，他会主动地提高对自身的要求，从而维护和提升家族的声誉和荣耀感。他还常常教育妹妹，告诉她："人只有能够管控自我，成为自我的主人，才可能进一步成为世界的主人。"尼采总是热衷于倾听关于家族和本民族的历史与传承的故事，百听不厌，拥有着极强的民族自尊心与自豪感。可以说，除了幼年时父亲给予他的温暖之火种以外，家族的荣耀感是赋予其之后源源不断的创作激情与探索动力的另一个重要源泉。

尼采 9 岁时开始积极地向更为广泛的领域去探寻和拓展，教堂演奏和吟唱的伟大作曲家亨德尔[①]的作品开启了他对于音乐的兴趣。他在学习钢琴的过程中也显现出了过人的音乐禀赋，能够随心所欲地进行即兴弹奏，还能够跟着教堂的诵读过程来伴奏。可以说，正是在学习音乐的过程中，他内心里的那种强大潜力和不羁的力量开始被激发出来了。最开始是在对于祖先的无限崇敬的推动下，尼采尝试着去谱写民族乐曲来奉献给祖上。后来还跟两位朋友一起投身戏剧艺术，他亲自为演出写作了《奥林匹斯山诸神》和《奥卡达》两部剧作。

---

①亨德尔：德国著名作曲家，创作了很多十分有名的弥撒曲。

如果说小学时候的尼采，一方面局限于课业的施展空间，另一方面又在音乐上分散了很多精力，还没有充分展现其惊人智商的话，那么进入了中学的他就真正是如鱼得水，可以尽情发挥他的学习能力了。学校的老师甚至都觉得他在本校待着过于屈才，鼓动他妈妈为其寻找更有挑战性的学校就读。这时候的尼采也只有 14 岁，他那一年的假期在一个乡间度过，那里景色优美、环境舒适，加上家人和亲戚的温馨陪伴，让他感觉十分充实而满足。在这个青春期的年龄，一般孩子还处于叛逆与迷茫之中的时候，尼采已经开始积极地回忆他之前的生活之路，温暖的父爱与失去之痛，对于家族历史的沉湎与向往，还有所受到的音乐的滋养与升华，这些都在他的脑海里酝酿着，让他产生了写作童年回忆录的想法。很快，只用了短短 12 天的时间，尼采便完成了这部作品，这也可以说是他对于写作的第一次成功尝试，是天赋与创作激情共同作用的结果。按照他自己的话来说就是："在写作过程中我没有感到一点儿疲劳，是在欢快与惬意中完成的。"

度过了青春期的尼采如愿以偿地进入了他慕名已久的名校——普尔塔，它是德国一所历史十分悠久的学校，甚至从德国存在的时候起它就已经建立了，这所学校也为德国培养出了很多伟大的人物。普尔塔的校规十分严格，高高的围墙下守护着他们那历经了历史沧桑的一套传统。尼采依靠奖学金进入了这所学校学习，但刚开始的情况却并没有他期望的那么美好，他觉得接受这种新的环境不是那么容易。一是因为尼采专注于学习，不太注重人际，二是因为尼采从小在女性家庭中长大，其骨子里养成的温柔气质让他很难适应那些苛刻而严厉的戒律与教条。在初期这无疑会是一种煎熬，每个周日的下午是尼采可以放松心情的时候，因为母亲和妹妹，以及其他朋友会来学校看望他，陪他度过些许轻松的时光。

在普尔塔的压抑的读书岁月里，尼采不羁的内心不会停歇，只要在课业之余稍稍有了时间，便会积极去思索和写作。比如，他在一个难得的夏季假期里，将旅行途中的印象写了出来，通过对景致的描写抒发内心的感受，并提出了一个问题：到底什么才是痛苦？在假期过去重新回到充满约束的学校之后，为了排遣心中的郁闷，他开始写日记，其中也记录着他颇为矛盾的心情，一方面反抗高压政策，另一方面也在反省着自身的问题。当然，任何事情都不是单一的好或坏，普尔塔也有它充满情趣的时光，比如夏天十分炎热的时候，学校会组织大家到湖里游泳，一两百名学生在湖里跳着、唱着，好一派生动而愉快的场面。尼采也在日记中表达了对这种活动的热爱，认为它：“简直是棒极了！”

尼采的思维是异常活跃的，从不会在某一个地方沉湎过久，而是不断地积极探索新的领域。他在写日记的过程中进行积极反思，发现了时光穿梭流逝，需要去珍惜那转瞬即逝的时间。于是，在新学期开始的时候，尼采在学习上变得更为主动，把郁积的情怀转化为对知识的渴求，在为其自身制订的系统学习计划面前，他专心地投入了对各种学科和技能的学习之中。

转眼间，春去秋来，尼采注定无法安置的心灵又开始活动起来，他发现自己一直在对生活低头，在违背自身生命的意志。在他阅读了很多伟大人物，如席勒①、拜伦等的作品后，他的思维被激发并上升到了更高的层次，他已经无法满足于学校里那死气沉沉的知识了。他被以下几句诗所启迪着：痛苦就是知识，只有那些深刻体会了痛苦的人，才有可能彻悟那致命的真理，知识之树并不可以等同于生命之树。

尼采在先哲的启发和自我的冥思下，已经无法再忍受学校里的僵化说教，他希望去探求那真正有生命力的东西，真正被灵魂所呼唤的东西。再加上他所喜欢的一位教师突然去世，也彻底让他无心功课，落入整日的独自思索过程里。尼采的思索过程是伴有书写和冥想两个方面的，得益于他非凡的语言天赋，尼采通过写作过程清晰表达自身想法的同时，也让他的思维本身更为活跃和富有层次。但是，他阅读得越多，书写得越多，思索得越多，也就越来越产生一种非常可怕和矛盾的认知状况。那就是他从小笃信的信仰和他强烈地想要打破和否定这套系统的欲望。

他在一篇文章中写道："这可不是异想天开就能解决的问题，这是两千多年积淀下来的权威，任何没有充分理智基础的尝试都是鲁莽而轻率的。人和时间到底是什么关系？人总是处于动的过程里，时间的每一分钟都是当下而已。在这个没有灯塔指路的汪洋里，暴风雨可以肆无忌惮地摧毁任何一个冒险的人。我想要否定任何成规的东西，但是，想创立一个新的系统何其艰难！"在

①席勒：弗里德里希·席勒，德国18世纪著名的诗人、哲学家、历史学家和剧作家，德国启蒙文学的代表人物之一。

这里，他明确地指出了对于宗教问题的怀疑，可是答案似乎又无法取得，因为人的本质就是一种随机行为的结果，在时间的法条被启动之后一刻不停地向前走，永远走不出轮回的命运。

尼采有着严谨的治学态度，从不在任何问题上随意下定论，在一些不涉及原则的问题上他通常愿意选择暂时规避。可是，这并不代表他会逃避问题，而是会奋不顾身地迎难而上，迎着社会的责难而上。他写下了这些奠定其观念的话："在应该直面我们的命运的时候，我们常常会变得软弱，仅仅愿意服从于上帝的意志，这种所谓谦卑的态度亦不是信仰，而是给胆小和懦弱找的借口而已。"

在这些日子里，尼采非常喜欢荷尔德林①、拜伦和席勒等人的作品，其中名气最小的荷尔德林反而成了他的最爱。这似乎是一种注定的遇见，因为荷尔德林的逝世日期和尼采的出生日期仅仅相差几个月，就仿佛是两个个体的转世重生一般。他们有着相当多的共同点，都迷恋古希腊的神话，想要把德国和古希腊之魂有机联系起来。他们两人都充满了对于浪漫主义的狂热追求，也对宗教有着非同一般的热情和想法。而且，最重要的是，他们都是被自己的野心勃勃的不羁心给击倒的。

在尼采 17 岁的年末的时候，他患上了十分严重的眼疾与头痛症，碍于当时的医疗条件，医生只能通过猜测认为是一种神经性的病变。这场病把尼采的身体击垮了，却意外地留给他更多的精神空间，因为他获得了两个月的额外假期，得以静静地梳理一

---

①荷尔德林：德国著名诗人，古典浪漫派诗歌的先驱。

年来涌现于头脑中的各种思潮，尽管他不可能弄清楚所有问题，但是一些细小的进步也足够让人欢欣鼓舞了。因此在这个学期的余下时间里，尼采又焕发了学习的激情，出色地完成了课业任务，还将课外兴趣包括写作和音乐都搞得风生水起。但是，敏感的尼采是不会让自己的思考停止一会儿的，随着学业结束日期的临近，对于未来择业的选择，又再次成了他的困扰。

他在给母亲的信里如此写道："对于自己未来的择业，无论是环境的因素还是我自己的因素，都让这件事情很难得到解决。我知道自己的性格，不管做什么事情都是热情地一做到底，也正是因为这个原因，让我不得不更为谨慎地加以选择。问题还在于，我们所期望的和最后的事实往往是不相符的，职业的选择随机性太强，犹如抽奖一样，但是中彩的人可是没有几个。在琳琅满目的领域面前，我要选择一个，就必然要失去众多，那么我选择的那一个，到底是不是我最终会一直热爱的那个呢？"

在尼采的最后半个学年里，学校很自然地对毕业季的学生采取了较为松散的管理，尼采也在这所修道院一样的学校里体会了世俗的一些乐趣。他在这个时段里巧遇了一位心仪的姑娘，体会了一次暗恋的感觉。稍纵即逝的情感波动后，他又迅速回归之前的学习、阅读、写作和音乐的生活常态里，只不过做了全新的升级，开始阅读柏拉图与埃斯库罗斯①，钢琴也开始选择弹奏贝多芬与舒曼的作品。

①埃斯库罗斯：古希腊悲剧诗人，与索福克勒斯和欧里庇得斯一起并称为古希腊最伟大的三位悲剧作家，代表作有《被缚的普罗米修斯》和《阿伽门农》等。

尼采对于诗歌创作一直都是非常狂热的，只要是在课业稍有空隙的时候，甚至有时候不惜让自己的作业被耽搁一段时间，他也要将自身投入抒情的世界中去。在一个复活节的清晨，他没有像往常一样去上课，而是径直回到家中，宛如进入了梦游的状态，在灵感的包围下他奋笔疾书，把萦绕在心头的情感统统记录下来。在文字中，他不断表达着人的思想需要持续进化，需要永远斗争并得到提升的坚定信念。他认为自己的感受与心理也在每时每刻进化着，当下的自己已然和几星期前迥然相异了。

普尔塔的毕业考试也可以说是尼采童年时代的结业礼，尽管他因为数学成绩较差而在毕业资格上有些不尽如人意，好在学校在这方面很是通情达理，他们一致认为尼采是绝对配得上一纸毕业证书的。在典礼的仪式上，看起来不羁而激进的尼采，展露出了内心最为深沉的感恩之情与博爱的情怀。他首先向心中最为虔信的上帝致以谢意："我要感谢我们的上帝，是他赐给我这个机会在普尔塔度过这有意义的时光。"然后尼采又把他的感激之情献给了国王以及他的老师、同学们，他说道，"我们都像一棵棵的树苗，当它已经在一个环境里扎下根的时候，再要移植到其他的土壤里就会非常困难。我们离开这熟悉的地方，离开彼此的时候能不能适应呢？再见了，亲爱的老师和同学们！"

可能是毕业典礼上的发言还不足以抒发他内心的情怀，尼采还写了一首抒情诗来表达他的所思所想："我们的人生之路即在脚下，既是如此，让生命有如普照着别人一样普照着我吧，那些人出发了，生命将舟船击碎，那些人也都沉到了海中，没有了踪影，也无人了解那些人到底在何方。再见了大家！汽笛声响起，准备起航，我的徘徊被船长的催促声击跑。那么从今天开始，让我们披荆斩棘、一往无前地奋进吧。再见吧大家！”

点评：

尼采的童年成长经历和他自身独特的天赋异禀互相作用和影响，将其塑造成了一个较为矛盾的个体。一方面他深受基督教家庭的信仰熏陶以及外祖母的血脉教育，传统的宗教观念与贵族思想根深蒂固；另一方面他有着与生俱来的反叛精神，对一切事物都进行质疑，再加上幼年家庭的变故，让他的性格与观念都趋于多样化和复杂化。包括他超高的智商，这些都早在他进入普尔塔学校的时候就显露无遗。

第二章　充满了批判精神的青年时期

在尼采刚满 18 岁时，他告别了自己的中学生涯，进入了人生的另一个阶段。如果说中、小学的时光可以代表童年时代，那么进入大学基本上就是进入人生的青年时代了。尼采和另外两个朋友，一路上意气风发、器宇轩昂地去往波恩读大学①。他们初出茅庐，带着青年人特有的十足神气，一路上高声谈论、指点江

①波恩大学是德国规模最大的综合性大学之一，位于科隆南部 30 公里的波恩，作为一所世界一流的公立大学，它的前身是创建于 1777 年的科隆公国学院。

山，吸引着沿途民众的注意力，也引起了很多人自然而然的反感。尼采还动情地哼唱着艺术歌曲，这让街上的姑娘们不由自主地凝神倾听，但也终于让有些不耐烦的人禁不住出来呵斥这些自命不凡的年轻人，让他们知道什么是应该保持的低调。

当时德国政治局势四分五裂，但大学仍然保持着自身井然有序的运转和相对的独立性，这主要源于这些大学机构的历史传承与荣耀感，这些精神上的高度支持足以保证其自律性的延续，而在动荡局面之下仍然欣欣向荣地发展，反过来又给学校注入了新的声誉，这是一个正面的循环，是一个让象牙塔更为闪光的积极过程。不难想象，尼采一行是带着多么激动的心情去投奔那充满了知识与光明的学府，在那里他们可以为祖国统一奋发学习，也可以得到让姑娘们芳心所向的资本。在理性与美德环绕的气氛下，他们可以昂首面对任何社会不公，毅然站在一起反对外国侵略者、反对暴君统治和反对宗教迫害。尼采断然不会放过拿起笔记录这激荡时刻的机会，他十分详尽地记录着当时的生活过程，激动地写道："我终于来到了波恩大学，这儿前途一片光明，我也为之非常自豪！"

尼采是一个十分喜欢独立思考的人，他也并不是不知道集体的智慧总是有能够吸取的营养，因此也会积极地尝试结交新朋友，试图寻找新的思想源泉。波恩大学的社团文化蔚然成风，为学生们交流学习心得提供了较好的平台与渠道。但是，尼采也清楚地看到，这种所谓的集体学习机制，其实并没有其显现的那么纯粹，除了学术交流环节，更多的是在一起享受感官上的吃喝乐趣，自鸣得意、自我满足地去放浪形骸。但是他很快敏锐地意识到，假如刻意远离任何社团的话，就会显得过于特立独行，甚至被众人所孤立，这也是他在中学时代曾经体会过的，他不愿意重蹈覆辙，于是他也选择并加入了一个学生社团。他在给朋友的信里说："我这样做也是思考了很长时间做出的决定，确实是对自我个性的一种让步和放弃，但是其价值是可以让我获取更多超越我自身思想的东西。"

尼采这样说，也会这样去做，这是他一贯的风格，只要开始去从事一件事情，就会全身心地去投入。他将自身投入了新的世界里，尽情地沉浸在学术思想的交相碰撞的火花中，同时还最大限度地保留着自我的风格，严谨而自律、不沾烟酒，平时的娱乐也仅限于游玩和合唱这样自然而简单的快乐。他的这种规避不喜欢的，撷取自己所需要的好似去粗取精的学习和生活方式，也的确取得了成功，让他无论在学业还是精神上都得到了强化和提升。

可惜，好景不长，无论什么样的既定状况都是无法长期满足尼采那颗永远走在进取路上的心灵的。他再次对这种日子感觉到了不耐烦，当初入学时候的激动与畅想也很快耗尽。到了年底的时候，他几乎停止了本来就很少参与的娱乐活动，又再次回到了之前那种常常纠结不安的状态中去。这也是他第一次远离家乡和亲人独自在外过节，更有一种每逢佳节倍思亲的忧郁之情。他给母亲的信中言道："一些节日能够让我们的灵魂得到歇息和净化，比如圣西尔维斯特节[①]、周年庆典和生日等。在这种难得的生活空隙中我们才可以有时间进行自我反思与超越，去发现真正可以让我们快乐的东西。以前在家的时候，很容易享受这种快乐，现在却俨然成了一种奢望。当我一个人过节的时候，我就会重新把之前的文稿和信都取出来，并记下所思所想，不能小看这短短的时光，它可以让人在总体回顾过往的同时对未来怀有更为坚定而热烈的勇气，遥想着那亲人真诚的祝福，就像细雨洒在心田，世上还有比这更幸福的事情吗？"

在和身边的同学和伙伴交往的时候，尼采一直体验着一种矛盾的感觉，一方面伙伴们较为粗俗、追求感官享受的放纵生活让他无法苟同，另一方面纠结于自己是否要和这些能够带来一些思想共鸣的朋友一刀两断。因为，尼采本身就有着十分敏感的性格，无法接受那种两耳不闻窗外事，把头埋在沙子里的乐享当下的生活，他也非常警惕那种长时间自我放纵后可能会慢慢习惯于这种状态的危险，他在写给朋友的信里说道："当某个人对于自身所做出的或者是身边所发生的邪恶或是消极的东西充耳不闻、理所当然，失去了本能的那种排斥力量的时候，那真的是已经进入了一个十分危险的境地了。"

最终，尼采还是下定决心去紧紧追随内心的声音，去遵循从小就深深烙印在灵魂中的东西，那即是宗教给予自身的使命，他

①每年的 12 月 31 日，人们和家人或朋友一起吃顿跟圣诞宴相似的餐，并在子夜时分喝香槟、跳舞互祝新年好。

甚至希望把自己的全部力量都赋予让全德国人民都紧密凝结于宗教使命中这一伟大事业里。因此，他严正地向社团提出了纠正吃喝抽这类让他极度反感的低级行为，力争向高尚的人格领域发展的呼吁。可以料想的是，他的声音没有被大家接受，甚至还因为他这种看似不近人情的想法而遭到群体的唾弃与冷落，面对敌意的语言和行为，尼采奋力反击，他的极端表达也最终失去了所有尚存的同情与怜爱，最后遭到了社团的开除。这让本来就背井离乡而感到孤单的尼采感受到了更深一层的孤独，这种孤独不光是失去了团体的陪伴与照顾，而是那种被击败的失利者的痛苦的孤独。

事实上，尼采来到波恩大学的初衷不仅是源于它绚烂的光彩，还因为它有着国际知名的古典语言学专业。这种向往其实也是尼采在不断对自身和环境进行质疑和思考的过程中必然产生的结果，或者说，越是在宗教家庭中浸淫得深刻，越是能够激发尼采跳出框架来专注反思这种既定结构，从而产生截然不同的观点和态度。进入波恩不到半年，尼采就因为外部的激发和内心的活动而决定从之前攻读的神学专业转为语言学专业，这个改变也让其家人大为震惊，这让家庭成员们为之荣耀的、与生俱来的宗教情感也因尼采的决定受到了一定的打击，可是任何劝说其回头的努力都是白费力气的。

推动尼采做出这一选择的直接原因有两个，一是他通过钻研语言学这种艰深而又枯燥的学科来磨炼自身的思维，并且得以重新审视之前因受到神秘主义教育而已然有些僵化的思想；二是他有幸认识了波恩的著名语言学家里契尔[①]，两人就像产生了磁石效应一样，深深地互相吸引，尼采崇敬老师的学术造诣，老师也非常欣赏尼采的非凡才华。里契尔曾对尼采说：“如果你想要成为一个强者，就需要在某个领域学到一项所长。”于是，在老师的积极引导下，尼采渐渐脱离了神学的范围，正式走向了对语言学的研究中去。尽管这种转变无论从心理上还是思维上都对他来说有着不小的挑战，但尼采还是很快适应了节奏，还写出了让里契尔感到满意的严谨而有见地的论文。他当时写给妹妹的一封信也突出显示了其不断想要超越自我的心理特征：“如果人仅仅希望心灵得到安逸与快乐，那就被动地接受信仰；如果人想要献身生命于真理，那就要积极地用力探索！”

他身上的这种不愿意乐享安逸，拒绝全盘接受传统思想的态度，让他在和周围同学交流的时候常常在本质上就有着观念上的出入。他的不合作、不妥协的性格甚至让人看起来有些愤世嫉俗、卓然自立，他无法忍受同学们一遍遍摇头晃脑地阅读和讨论那缺乏生命鲜活力量的、纵然伟大但已成为过去的诸如谢林、黑格尔和费希纳[②]等人的著作；而对于那些唯物主义的实证科学著作，如来自毕希纳和沃格特等大师的作品，他也觉得只要看一遍即可，那不是他感兴趣的范围。尼采的天分、贵族气质和诗人的血，都注定了他不会满足于教条的知识和框架，不会被禁锢于世俗的学

①里契尔：波恩大学的著名语言学教授，也是尼采的精神导师之一。

②费希纳：德国哲学家、物理学家，心理物理学的主要创建者，实验心理学的先驱。

科领域，他必然是要义无反顾地投入充满真善美的情感、充满生命与力量的神秘而鲜活的空间中去。我们似乎不用为尼采的快乐感到担心，因为即使他对现实的种种都十分不满意，对世俗、形而上学和机械化的科学感到排斥，他还是有着丰富的兴趣和爱好可以陶冶自我。他对古希腊艺术和拜伦的作品非常痴迷，凭借着对于音乐的理解，尼采也可以沉醉在贝多芬和巴赫的音乐里。可问题是，他的主心骨到底在哪儿？他的认识倾向到底在哪儿？

这个问题确实是青年时代的尼采最为矛盾和难以定论的，或者说他一直处于笃信宗教与探求真理的摇摆不定的旋涡里挣扎。在和朋友杜森交流宗教问题的时候，他曾用“那不过是费尔巴哈式的蠢话”来驳斥其认为祈祷本身不具有任何实际效用的言论。在回答杜森的关于《耶稣传》的一些论调的时候，尼采又表现出了十分不一样的谨慎：“这个问题不可以随意下结论，假如你信奉耶稣的话，那你也要同样去供奉上帝。”上述言论都无不显示出尼采内心对宗教的深深眷恋之情，可他的内心仿佛有一个天使和一个魔鬼在对抗，一会儿天使占了上风，一会儿魔鬼又占据了优势。这些在他和妹妹的信件交流里就可见一斑。他妹妹对宗教的虔信是无可置疑的，她在信里这样写道：“真理一般是通过痛苦的过程来求得的，现在来看，基督教教义的理解过程就是颇费精力的，因此可推断基督教是真实的。”可是尼采的回信又充满了他否认一切的执拗态度：“可是认识和承认这些所谓的教义就真的很困难吗？我们从小就生活在这信仰的氛围里，它们可以说就是直接附着在了我们身上，我们压根没费什么劲去学习和相信它。那么你觉得，和某个人冲破自身的习惯与固定意识相比，仅仅被动地相信信仰会很难吗？冲破自身的固定思维确实是一条不归路，它充满了孤独与绝望，而且他寻求的也不一定是什么美好的家园，对于一个探索的人来说，探索真理本身就是最大的价值，即便那最终的真理显现出恐怖与邪恶也在所不辞。”

虽然波恩这个城市本没什么错，但是尼采在这里经历了一段纠结而痛苦的时间，主要是受到他当前阶段的思想进程的影响，换到任何一个也大抵不会有什么区别。或者说，波恩大学成了一个牺牲品，一个靶子，它被尼采拿来当作评论的依据，提出各种负面而消极的言论。事实上，尼采是针对整个德国的现状所发，因为他看什么都有不顺眼的地方，再加上他不抽烟喝酒的行为与其他人格格不入，更是让他很难找到伙伴。终于，他的导师里契尔因个人原因转聘到莱比锡大学任教，这也给了尼采一个呼吸新鲜空气的机会，他也跟随老师一起来到莱比锡大学学习。

在开学的那天，校长激励全体学生，告诉他们一百年前歌德①也在这里学习，但是话锋马上又一转，他说：“但是天才是有其独特道路的，不可随意跟随天才走过的路，那是很危险的，你们切勿以他为榜样，因为他并不是一个好学生。”在大家的欢呼声中，尼采听着这看似传统教条的训话，实则充满了启迪和激励的话语的时候，他非常开心地认定自己来对了地方。在这里，

---

①歌德：德国著名的思想家和科学家，也是最伟大的德国作家之一，世界文学领域的一个出类拔萃的光辉人物。

尼采重新焕发了精神和活力，在语言学的研究上也进展迅速，甚至在学界都小有名气。但是，他很快发现语言学不是他生命里所呼唤的东西，想要解决他对于宇宙和人生的疑惑，似乎非哲学不能够胜任，这俨然就是他心底的那个绝对命令，是不容他拒绝的。

当时的德国哲学界被许多唯心主义哲学体系所盘踞着，在尼采心中，那些冷冰冰的东西远离生命的维度，不讨论生命的最终意义，是没有多少价值的。他很喜欢新康德主义哲学家朗格[①]所著的《唯物主义史》，此书是从生物学角度来发挥康德的不可知论体系，将认识的过程和人体的生理特征联系起来进行阐释，并且对康德的物自体概念进行了否定。在当时令人眼花缭乱的哲学体系面前，尼采和所有初窥其门径的年轻人一样迷茫，急需一位契合其内在精神的哲学导师出现。

在尼采 21 岁整的那个月，他在一家旧书店发现了一本后来拯救其心灵的灵魂引导书——哲学家叔本华所著的《作为意志和表象的世界》，他只是随手翻了几页，便被字里行间传达出的神圣气势所折服，在脑海中某个空灵声音的指示下，他几乎没有犹豫就买下了这本书。在得到这本书之后的长达半个月的时间里，尼采就一直把自己泡在了书和钢琴里，每天只睡四个小时，他在书里似乎找到了和自己产生共鸣的东西，自己好像不再是孤独前行的了，他不仅可以是自己真正的心灵导师，甚至可以替代在自己童年就离世的父亲的地位！

---

①朗格：全名弗里德里希•阿尔贝特•朗格，德国著名哲学家和经济学家，运用生理学唯心主义来论证康德的认识论。

叔本华在他生命中的出现，俨然就是一针精神兴奋剂的注入，尼采的精神更为焕发和充满激情，这也侧面促进其对于语言学的学习成果。他关于西奥格尼斯的研究论文获得了里契尔和学界的一致认可，从那之后，尼采也成了里契尔最为看重的学生。其实，尼采一直将语言学的学习作为训练自身智力或者是今后谋生的一种手段，他内心真正寻求的是一种能够满足其灵魂饥渴的东西。

尼采的研究兴趣主要集中在了古代语言学和艺术等领域，这也是其精力的主要投放目标。他非常热爱里契尔导师，称其为自己的科学良知。尼采认为语言学在论文写作中的作用超越了文字本身的功能，他在给杜森的信里说："所有著名的作品都是具有精神层次的效果的，那种努力构建的形式就宛如将石子投入水中所泛起的波纹的影响。"在这个认识的基础上，他也开始对之前的所有笔记与文稿进行重新整理，力图表现文字本身的美，让论文呈现出更富有魅力的形式，这无论对于其价值还是传播效果都是富有意义的。

尼采在这个时期结交了一位新朋友，让他在情感上得到更多滋养，这位朋友就是欧文·罗德，一个聪慧而富有精力的人。尼采只会对能使自己崇拜的人产生友情，他们经常在劳累的工作之余在一块儿散步和聊天，他在日记中这样写道："我和罗德之间有很多观点上的不一致，常常进行辩论，这种辩论让我们产生了更多化学反应，互相积极影响着对方的思想。"暑假到来以后，他们相约去往偏僻的地方游玩散心，轻装简行，沿途讨论各种问题，包括叔本华、希腊艺术、德国、巴赫等。他们一致对于那种刻板的研究有着排斥心理，那种学究式的吹毛求疵让人无法忍受，就比如《伊利亚特》[①]的美是公认的，问题不在于研究它美在何处，而在于将它发扬光大，并且广泛传播到民众中去。

结束了美好假期的尼采却没有继续迎来安逸的生活，本来他因为近视的原因是可以免除兵役的，但是政治上局势的突变也让征兵的范围扩大，尼采于1867年被征召入伍。和大部分人的反应相反，尼采将服兵役看成一种有益其身心的事情，因此他也一如既往地把他严肃认真的态度用在了当兵上。事实也证明了当兵的生涯对其精神的影响是大有裨益的，让尼采对生命的体验更为深层和直接。

在不一样的服役生活之后，尼采又紧接着遇到了他生命中另一位重要人物，就是尼采一直都仰慕和神往的音乐家瓦格纳。老天爷总是喜欢满足那些有诚意的人，尼采在刚过了24岁时，在一个私人聚会上十分惊喜地见到了瓦格纳，他强压着激动的心情向其做了自我介绍，并表达了自己的崇敬之情。瓦格纳虽然还没有听闻过初出茅庐的尼采的名字，但是也很快被其独特的见地与谈吐所吸引，两人从音乐聊到哲学，最后在对叔本华的认识和理解上取得了强烈共鸣，开启了两位伟大人物之间的忘年之交。

同一年，尼采在还没有毕业的情况下，就接到了巴塞尔大学

---

①《伊利亚特》相传是由古希腊盲诗人荷马所作的史诗，主要内容是叙述希腊人远征特洛伊城的故事，是西方的文学经典之一。

的邀请，准备聘任其为教授，这是其导师里契尔极力推荐促成的。但也让尼采深感彷徨，一来这事情确实是令人激动和骄傲的，它是对自身努力的最佳认可；二来尼采认识到自己的自由时光就要因此而结束，自己为最后一个学年所作的详尽的学习与生活计划也就要付之一炬了。但是，纠结归纠结，任是尼采的性格再怎么独树一帜，也不可能拒绝这样的好意，毕竟这也是他继续思想研究的一条康庄大道。

在去往巴塞尔大学[①]就职之前，尼采先回到了家乡探亲，在他正式进入社会生活的当口，家人的陪伴无疑是一个树立和增强信心的过程。家里人都为出了这么一个才子而倍感欣慰，一家人开心而骄傲，其乐融融，可是尼采并没有分享到他们的愉快之情，他还沉浸在自己即将失去那自由自在、一去不复返的黄金时代的忧郁之中，在他的日记里也无不表达出一些工作恐惧症的影子，主要恐惧于无法继续坚持自己的思想和立场，恐怕自己不能继续那无拘无束的思维驰骋。但是，对于老师的职业，他还是向往和憧憬的，因为一个有着坚定信念的哲学家，总是希望更多的人得到真理的启迪，这也是一种强烈的社会责任感的表现。最后，尼采的巴塞尔之行证明他之前的忧虑是多余的，因为他在那里体会到了更为绚烂、充实的人生。

点评：

青年时代的尼采将自身独特的风格进一步地延续和发展，在

①巴塞尔大学成立于1460年，是瑞士建立的第一所大学。

极为自律的传统生活状态下，他大胆地从神学专业中脱离，改读古典语言学专业，来加强其智慧本身的磨砺。在大学生活中，他积极地阅读各类学术著作来丰富自身视野，还大胆提出自己的想法。在偶然接受了叔本华的思想影响之后，尼采也逐渐在确立着自己的思想风格体系。

第三章　邂逅如启明星一般的叔本华

上文中，我们曾说道，尼采追随恩师里契尔来到莱比锡大学读书，邂逅他的另一位人生导师，虽然这位导师已然离世，却给处于矛盾与彷徨中的尼采照亮前进的道路，更让尼采产生一种相见恨晚、如临甘泉之感，这个人，就是叔本华。

就像很多伟人的遭遇那样，叔本华生前受到世人的关注并不多，死后其声誉渐渐高涨，为更多的人所接受和肯定。而《作为意志和表象的世界》可以说是叔本华一生的思想与心血的结晶，仅序言就写了三个，其包含了极为丰富的内容。其中有一段这样写道：“我相信某一个人所认识到的真理，或者说他投入到某个较为阴暗之处的光线，或早或晚地总是可以打动其他思考着的人，这可以让他感到开心和得到慰藉，就好像他诉说的所有东西都是为了此人而写，就宛如是那些和我们灵魂相似的人在生命的荒漠里曾对我们倾诉和抚慰过的一样。”

这本书确实有着与众不同的风采，它所表达的思想十分深邃，使用的语言尖刻而锐利，表述却非常从容不迫，同时有着歌德的抒情气质与俾斯麦[①]的言简意赅的现实性，不光在理念上新颖且震撼，而且蕴含了典雅而带有美感的文学性。这些特质确实非常吸引尼采，他感受到了那种高贵的气质与超脱的情感，他被那种带有生命悸动的纯粹与追寻自由的不羁之心所触动。尼采的内心告诉自己，叔本华就是他长久以来寻找的那位引路之人，他写道："我预感到了，我在他那里找到了我一直以来都在苦苦追寻的那位我所需要的哲学家。"

当然，尼采所关注的最为核心的因素还是叔本华在书中所表述的关于生命真理的内容，这也是困扰了他整个童年与青少年时期的问题，关于人生本源与意义的问题。叔本华从开篇就一针见血地指出，我们所处的世界其实并没有所谓神灵的安排与管控，宇宙中充斥着的只是服从个体意志支配的万事万物，而它们并不受那些所谓法则或者理性的支配，而是仅仅受到内在意志的驱使。而且，这里所说的意志，是不受任何约束与限制的内在动力，是不以个体的愿望或想法为转移的。意志永远也不满足，永远也不知道停止，是一种不断在挣扎着的原初性的力量，它为了以生命的形式生存下去而不断冲破阻力去抗争。

那么在这种盲目的作用力的影响下，宇宙世界无疑是令人恐惧的，因为它不是人性的神所控制的，而是随机由个体的意志引

①俾斯麦（1815—1898）：人称铁血宰相，依靠铁血政策统一了德国，为德国开创了一个时代。

导建立的，并形成链条一样的枷锁，人就处于这种牵引力之下。也就是说，世界存在的意义仅仅是驱使人们盲目地遵循意志，这实际上也就淡化了理性的理智、法则和法律。就好像太阳给予人类白天的光照，那么一切都要顺从这种意志去进行和发展。书中写道："意志是一直处于饥饿状态下的，它随着个体生发成型，除了意志，世界不存在其他东西。"因而，整个世界就是一个被意志和无尽的欲望所缠绕的空间，人无法逃脱意志的折磨，因此痛苦也就无穷无尽了。

这种悲观主义思想无疑是和当时乃至当下都相抵触的，因为以大众的人本主义理念为基础，世俗的功利主义者总是热衷于讨论人类的发展和未来，但是叔本华残酷地否定了这一切美好的寄望。不用说，这在19世纪那个相对较为传统的时代，无疑是具有冲击力和过于直白的，因为它击碎了千百年来人类赖以支撑其精神支柱的信念和梦想。尼采在体会书中表达出的令人吃惊的激情的时候，也发现了其自始至终所涵盖着的矛盾，那就是叔本华在唾弃人生和生命本身的时候，却在其作品中注入了无限的生命力，叔本华同时在对生命这个对象进行着谴责和敬畏两种态度的表达。

在那个什么都强调理性的时代，能够听到有人为生命本身高声歌唱，是多么不容易的一件事。尼采感觉，他之前一直处于一种好像没有佩戴眼镜而什么都看不清、道不明的混沌状态里，叔本华的出现，宛如在世界的一边竖起了巨大的镜子，那镜子把这世界和宇宙的本质都照射得清清楚楚，尽管这个被反射和显现出的世界并没有人们理想中的那样美好和有秩序，但是它却是真实的。对于尼采这样的追寻绝对真理的人来说，真实性高于一切，也是他唯一承认的有意义的东西。其中，尼采非常佩服叔本华区别研究对象的思想高度，那就是将人所感知到的图像作为一个整体来对待和研究，而现实中的所有科学领域都是在尝试解释那背景的画布和各部分色彩，而不是整体的图像。

可以说，叔本华对整个世界的摒弃了世俗价值观的全新认识，正是和尼采长久以来就萦绕于心头的宁要邪恶的真理也不要舒适的信仰的理念是不谋而合的。他废寝忘食地阅读着这本书，每天晚上要看到凌晨两点，只睡四个小时便又精神百倍地爬起来继续攻读，一边阅读一边思索，还一边写出了一篇归纳总结其自身想法的文章《启应祷告文》。对于书中充满的阴郁和近乎消极绝望的风格特征，尼采也几乎是完全自然而然地准备好了去接受，就像他之前给妹妹信中所写的那样："要么安逸地接受信仰，要么直面哪怕是邪恶的真理。"从他童年的时候开始，就已然思考过类似的问题，之后对歌德、拜伦等人作品的广泛阅读更让他早有这种预感，甚至在基督教教义的象征里，那使徒所描绘的神圣之光最终堕落的情景，不都是个体沦为意志和欲望之奴役后的下场吗？作为一个深受基督教正统教义熏染长大的人，纵使他有着千般叛逆之心，也不敢随意去正视那可怕的真相。而现在不同了，他发现了一个可以与他同路而行、并肩作战的人，叔本华成了他不归路上征战的战友。

尼采幼年就丧失了父爱，叔本华的出现让他感觉到了一种父亲重新降临之感。从这个角度可以看出尼采强烈的感性，因为叔本华本人毕竟已经离世，即便这样，通过字里行间所传达出来的思想就足够让尼采所折服与倾倒，并将叔本华看成是自己真正的知己和同路人。不难想象，尼采在惊喜地发现了这个世界上的另一个自己时，在充满了欢欣鼓舞之情时，内心又会有多么遗憾。毕竟那时候叔本华离世时间还不久，六年之前的时候他还尚在人世，如果尼采能够早一些了解他的思想，那就可能面对面地和他一起交流，聆听他的教诲，并且可以向其抒发最为崇高的敬意。可是命运往往就是那么残酷，它让尼采同时感受着寻找到知己和被剥夺知己的双重情感，让其在欢喜与悲痛的交织情绪中饱受煎熬。在最开始的那一段时间里，尼采甚至有了些精神恍惚和神经质的症状。

但是，叔本华给尼采带来的促进与激励是远远超越那短暂的精神抑郁的，他不久便将这种正面的推动力转化为实际的行动力。很快，尼采又在本来已觉厌烦的语言学上取得了一些成绩，并得到了里契尔的称赞。但是尼采心里明白，他学习语言学只是为了磨炼自身的智慧，只是作为一种过渡学科来研习的，最终就像里契尔自己所说的那样："如果你想要成为一个强者，就需要在某个领域习得一项所长。"这句话没想到又再次在尼采身上起作用了，这次他终于在叔本华灵魂的引导下走入了哲学的殿堂，并将其作为自己最主要的研究领域。

尼采在22岁的时候写过一封信："我现在可以明确的是，有三件事情能够安抚我的心情，分别是叔本华、舒曼[①]的音乐和独自散步。有一天我信步走上一座附近的小山时，远方乌云密布，眼看着就要有一场暴雨降临。我来到山顶，看到那儿立着一个棚屋，一个人正宰杀着羔羊，他的小孩儿则在旁边看着，我欣赏着这原生而自然的场景。这时候暴雨倾盆而下，在暴雨的浇注之中我浑身痛快，力量仿佛布满了我的心胸。这时候我才体会到，只有放弃了一切，才能远离负担，才能够在大自然里重生，在物我合一、物我两忘的境界里彻底抛去尘世间的纷繁与羁绊。这大自然的意志不受任何理性和伦理的制约，这就是本源的、不受心智干扰的纯粹意志！"

这种顿悟和超脱的情感并不像一时的激情那样稍纵即逝，而是作为一种理念长久留在尼采的心里，并指导他看待问题的趋向。尼采作为普鲁士[②]的一员，对国家和民族充满了感情，在俾斯麦领导的争取国家主权的战斗取得阶段性胜利的时候，他冷静地分析当前的局面，认为打破欧洲的平衡才是真正的胜利，即便无法成功，也要拼个玉石俱焚。而对于俾斯麦政府本身，他不认为他们取得了多大的成就，他觉得这都是历史的意志自然推动的结果。就像他常常想起的发生在山顶上的强大的自然意志力的表现一样，那压根不受人的心智影响，而是一种幸福而强大的纯粹意志！

---

①舒曼：德国著名浪漫主义作曲家，创作了大量钢琴作品。

②普鲁士是欧洲历史地名，位于德意志北部。

在莱比锡大学的第二个学年可以称得上尼采这辈子最开心愉快的时候了，他那从未谋面的精神导师叔本华给他所带来的安全感和满足感是无与伦比的，尼采就像一个渴求着母亲奶水的婴儿那样，一旦得到了母乳的滋养就可以停止啼哭。他在写给朋友的信里说道：“我根本不用去证明什么，只需要做个比方就可以了，我的伟大导师叔本华就宛如我脚下的土地一样，使我能够扎根在它之上，有了这大地的支撑，我就可以从容而镇定地去对待自己的生命。他又好像是我脚踏的梯子，让郁闷之潮永远不会泛过我的头顶。有导师在我心中，无论我走到什么地方，我都觉得宛如是待在家里似的自由而快乐。”

尽管尼采在学习叔本华的哲学之前就已经阅读了大量哲学书籍，但是毋庸置疑的是，最终带领尼采进入哲学殿堂的就是叔本华。那部洋洋洒洒、尖刻而又有些孤高的《作为意志和表象的世界》，似乎早就在文中暗示了其继承衣钵者：“这其实只是少数人的事情，这本书也只好耐心而平静地去等待那些少数人，只有那些不凡的头脑才有可能理解和接受此书。”而尼采也在他自己的文章里对此话进行了回应：“我是看了叔本华著作的第一页以后就确信自己将会是认真读完其所有页面并仔细聆听他所有教诲的读者中的一员，我从心里可以理解他的每一句话，就仿佛这书是专门为我写的。”

有了叔本华在思想上的指引，尼采面对政治和历史事件时通常都采取更为客观的态度。面对国内评论界和媒体对于俾斯麦政权取得的短暂胜利喋喋不休的报道的时候，他没有盲目地跟风，而是写下了自己的话语："现今已经没有多少人去从事那有真正意义和重要性的事情了，很多时候他们在智力和见识上都平平无奇，这样的趋势非常值得人警惕。"他这样写，可能和他自身被卷入这场闹剧而感到羞愧有关，因为叔本华已经清楚地教育他，所谓的政治和历史不过是一种游戏而已。对此尼采已经谨记心中，他所写也是为了辨清楚平庸和力量的意义，肯定其导师思想的价值。

尼采用另一种比喻来解释历史，可以把它的进程看成无数为了各自利益而不断争斗的过程，人们给自己戴上信仰的标签，无非是为了给自己找到参与斗争的促进力罢了。而事实上，这种信仰也无非是历史海洋上的稍纵即逝的波光而已。对于海洋本身，它什么也不算，可是人们自主地将它的作用给放大了，人们觉得这波光是对海洋的有力修饰，但是他们没有注意一个事实，那就是这光不过是从天空映射下来的，和历史的大洋本身并没有丝毫关系。

这个暑假，尼采和他的新朋友罗德游历了一些偏僻的乡村，他也得以用新的视角和眼光去看待一些东西，获取了很多新的启示，产生了很多新的想法。在结束旅程回到家乡休息的日子里，他又阅读了很多当代德国年轻哲学家们的著作，这使他受益匪浅，有心要和这些当代的英杰一起协同合作，一起创办评论期刊，携手在思想的进程上前进。他首先自己撰写了一篇宣言，宣言希望将叔本华的思想广泛地传播给社会，让更多的人接受其思想的陶冶，并让一个时代的人都能够得到这位导师的滋养。他写道：“毫无疑问，在所有哲学家里，叔本华是最为真诚的那个，他是可以引领我们时代的伟人，他的悲观主义是建立于理智的思考之上的，具有深刻的智慧，而且必须十分严肃，因为这本身就是严肃的话题。总之，他是一位可以让古典主义和德国的希腊精神得到复兴的哲学家。”

但是，叔本华的悲观主义哲学最终只是为了揭示这无尽的痛苦循环本身，他没有给出后续的研究路线，或者说他认为一切都可以结束了，没有继续研究的必要。在他笔下，这世界宛如一颗不断盲目吞噬自我的黑暗心脏，而且不断地蔓延和滋生，这是和传统真善美的形而上学价值观背道而驰的假恶丑的世界，压根就没有存在的必要，这是关于存在的本源价值问题。叔本华把世界看成是如梦幻一般的存在，人一直处于被意志和欲望所左右的状态，在欲望得不到满足和得到了满足又产生无尽欲望的旋涡里挣扎，人就像是一个痛苦而无聊的钟摆，在那里来回摆动。

于是，就好像亚里士多德对柏拉图思想的批评，海德格尔①对胡塞尔理论的背弃一样，尼采也最终会像其他大师的弟子一样青出于蓝，找出导师思想体系的漏洞或不足来进行进一步的阐述和讨论。他曾在文章里说：“一个人永远都做老师的徒弟，那并不是对老师的善报，你们为何不去夺走我的花冠呢？”面对叔本

①海德格尔：德国哲学家，20世纪存在主义哲学的创始人和主要代表之一。

华所展示给世人的令人颓废而绝望的宇宙图景，尼采并没有停留在其思想范围内，而是积极构思着新的拯救之路。虽然他把叔本华视为父亲一样去崇拜，但是他对其哲学体系的极端悲观也存在着质疑，认为至少对于人生价值的定论不能如此草率。叔本华因为把人生定义为痛苦，便从自我肯定走向了自我否定的矛盾之中。而尼采虽然也承认人生充满了痛苦的过程，但是他不像导师那样刻意回避，而是主动去迎接痛苦，并且把痛苦看成是可以激发精神力量的契机，也是一种可以显现人类尊严和荣耀的方式。尼采的拥抱痛苦也曾经让一些哲学家包括罗素①都感到反感，但是尼采能够明确一点，那就是生命和痛苦是息息相关的，人生不可能没有痛苦，就宛如瞬息万变的天空气象一样。万里无云总也免不了有乌云密布的时候，但是，就算那代表痛苦的乌云遮挡了代表生命的太阳，那乌云的周围也会被阳光镶上美丽的金色边框。

点评：

尼采在青年时期的彷徨顾盼中，于一个偶然的机会接触到了叔本华的思想，其对生命真理与本源的探讨和分析正好同尼采对于僵化而教条的传统与理性的批判不谋而合，也让尼采感觉到本来孤独的前路终于有了一位伟大朋友的陪伴和支持。叔本华不仅是引领尼采进入哲学殿堂的导师，也是他的心理上的坚强后盾。而且，尼采没有停留在叔本华的学术层次，而是青出于蓝，进一步开创着他自己的思想体系。

①罗素：英国哲学家、数学家、逻辑学家、历史学家、文学家，分析哲学的主要创始人，世界和平运动的倡导者和组织者。

第四章　充满了启迪与磨砺的从军之旅

尼采的人生如同他的思想那样充满了变数与更迭，每一次的变故也都给他带来了丰富的启示与精神财富，这些似乎都可以让他变得跟之前大不相同，仿佛是破茧成蝶了一样。对于尼采本人来说，他对知识的渴望和对真理的追求让他不仅不回避人生的各种意外与巧遇，甚至更让他欣喜于每一次的挑战与尝试，比常人更乐于迎接不同寻常的人生体验。而从军，就是尼采多彩人生中的一篇十分有意义的点缀，让他的思想通过这次经历而变得更为综合和丰富。

事实上，对于大多数人来说，听到服兵役这几个字都会产生一种自然的抵触心理，不光是担心和害怕军营里的吃苦受累，更会对可能发生的战争产生恐惧心理。尤其是在 19 世纪中叶，普鲁士王国在俾斯麦政权的引领下正在积极动员作战，入伍的士兵开赴前线的概率很大，这对于新兵的心理承受能力也是一种考验。但是尼采根本没有受这些因素的影响，他把从军看成一种突破自身的机会，因为人生就是要面临和应对各种机会，而且，尼采的人生观不是功利主义的获取，而是以艺术家的视角和高度去采撷生活中的各种色彩，以充满尊严的人格美去拥抱不可能避免的痛苦，这是他一直遵循和践行的原则。

尼采服兵役的时间并不长，碍于身体的状况，每次服兵役都是还未服满就半途退出了。可就算是这短暂的军旅时光，也足够给其人生添加更为丰富的记忆，给其思想带来更为新颖的启迪。

尼采第一回正式入住是在1867年他23岁的时候，那时候他非常尊敬的姑妈刚刚离世，心理正处于悲痛之中，想要进入行伍磨炼并同时排遣伤心的情绪，再加上他的一位正在服役的好友常常写信给他，描述军旅中的逸事，更让尼采产生了从军的强烈意愿。可是，由于眼睛高度近视，他一直未能达到入伍标准，也一直无法如愿。

而在这个当口，时局发生了转变①，因为国内资本主义要求发展的推动力，俾斯麦政权领导下的普鲁士王国需要迅速拓展其政治领地，为实现整个德国的统一，给资本主义发展提供更为理想的环境而穷兵黩武。要完成这个任务，首先就需要大量士兵作为基础，而尼采近视的缺陷也能够在大为降低的入伍标准前勉强通过。战争打响了以后，非常多的德国青年都响应号召参军效力，正在莱比锡大学读书的尼采也早已无心上课，他有着比其他人更为迫切的当兵的热情。他觉得："如果自己的国家已经到了岌岌可危的地步的时候，还在家中躲着是一件十分羞耻的事情。"就这样，尼采终于如愿以偿成了德国军队中的一员。

1867年9月，尼采正式成为了一名德国士兵，10月，尼采开始在家乡当地的炮兵团里服役。可是，尽管尼采意志坚强、精神崇高，但毕竟没有经历过高强度的身体训练，刚开始是很不适应的。炮兵团里的新兵也需要进行全天候的拉练，从每天清晨的7点一直练到傍晚的6点，中间只有半小时的吃饭时间。幸运的是，

①俾斯麦政权于1866年发动普奥战争，并于1870年进行普法战争，这促使年底南德四邦加入了德意志联邦，成立了德意志帝国。

虽然训练条件艰苦，军队的长官还比较人性化，他们知道尼采是高级知识分子，在身体能力上会吃一些亏，便特殊照顾他，让他可以每天回家去住，这样尼采也感觉舒服了一些，一来家里伙食较好，对于体力和精神的恢复有帮助；二来他可以在训练之余有自我的空间和时间进行学习。但是，这样做的代价就是体力和脑力的大量消耗，他在日记里写道："每天我回到家里的时候总是筋疲力尽的，一身全是汗臭味，但是我只要一瞥见摆在桌子上的那张朋友送给我的叔本华的照片，我就又觉得浑身充满了力量，心灵也得到了慰藉。"可见，就算是在服役期间的那段身心俱疲的苦日子里，导师叔本华的精神支撑对于尼采的坚持和勇气也是有莫大影响的。可以说，叔本华关于意志的学说，不光体现出了对意志本质的揭露，也给尼采关于自身意志力的控制很大启迪，让其在自身行为了更为坚定的自律和制约。

毫无疑问，尼采的军旅生涯是在一种痛并快乐的复杂情绪下完成的，其中不乏在思想和行为上的矛盾交织，他在一篇文章中写道："的确，这样的新生活是我所不适应的，可是它的确有益身心，这就好比是主食以外的小点心，尽管它无法把自己的肚子填饱，却能够补充额外的、缺失的营养。在很短的服役时间里，我的感受是十分深刻的，在军营里的生活确实会对人的精神产生非同寻常的影响，这里能够把之前那种软弱无能的懦弱气质一扫而空，可以把那摇摆不定的怀疑主义一概摒弃，就单单讲这一点，参军的价值就已经至高无上了。在训练的过程里，各式各样的行动可以让人充分看清楚自身的本质以及其优势劣势。尽管营地里互相都不认识，有些人的行为也比较粗鲁，可是军官们都很有教养，他们对我富有热情与好奇心的态度十分赞赏。可以想象一下，一个新入伍的人，在30人之多的骑术比赛里拔得头筹，让人刮目相看，这是怎么样的一种荣誉啊。反正在我眼里，这种荣耀的价值和意义远远超过一张语言学的毕业文凭。”

于是，这样的训练生活一直持续到了当年的年底，尼采也已在家乡的炮兵部队里学习了将近两个月的骑术和队列，他也已经做好了参加军官考核的准备，准备工作艰苦而费力，所有困难他都努力克服了，因为他想要成为一名真正的军官。虽然部队中的日子是既紧凑又朝气蓬勃的，可是他与生俱来的孤独和忧郁气质并没能有所缓解，在他心里，经常会有一种说不出来的奇怪的寂寥之感泛起，这倒是很难排解，甚至是所有繁重的体能训练也没办法解除的。在军营里的这段时间里，虽然他可以晚上回家，可是时间毕竟是被严格限制着的。因此尼采很难有机会去拓展自己在思想和学问上的同路人，更别提找到更多心灵上的伙伴和知音了。这实际上对于喜欢思考和分析问题的尼采来说，是真正难受和苦痛的事情。这可以从他写给朋友的一封信里找到痕迹：“我曾经热爱的家乡这一地方，如今俨然成了困扰和隔离我的地方，我感到非常寂寞，我周围的人里面没有一人是懂得语言学的或者是了解叔本华这个人的，我也没有其他人可以沟通和交流。”

为了让心里的孤独和痛苦得到充分排遣和释放，尼采就算是在训练的短暂间歇的时候也不浪费，总会拿起随身携带的书本，让知识和智慧灌注自己的脑海。服役期间尼采主要关注的哲学家是古希腊的著名学者德谟克里特①，并深受这位唯物主义哲学家朴素原子论的影响。其实让尼采对德谟克里特这位名气并不是十分响亮的哲学家感兴趣的，正是由于德谟克里特曾遭受过柏拉图和基督教神学的严厉压制和攻击，他们都认为其学说十分危险。而这恰恰反过来让越来越怀疑基督教教义的尼采对德谟克里特产生了浓厚的兴趣。在对其学说进行了认真阅读和研究后，尼采对其总结和评价甚高，并把他视为一名想要帮助人类从虚幻的对上帝的崇拜与对未知盲目的恐惧中解放出来的革命先锋。并且，他把德谟克里特尊称为第一个知道如何把科学的方法论运用在道德研究领域的哲学家。

在德谟克里特的积极影响下，尼采对于自身的早在普尔塔念书时就已经生发萌芽的质疑当前传统的精神更深一步地发展了，他感觉内心的坚定信念被进一步地强化和确定，对于否定那些看似既成真理的东西，他更有勇气去付诸行动了。他不愿意做一个唯唯诺诺的讨人喜欢的继承人，而是要违背所有人的盲目的意志，去打开那蕴藏着真理的新世界。他写道：“在文学研究的历史上，所有研究得到的成果，都源自人们对先行结论的不满足，人们需要不断地提出新的问题，这是一种内在需求。”

而且，不仅是上述改变，在军旅的环境熏染下，尼采本身就

---

①德谟克里特：古希腊伟大的唯物主义哲学家，原子唯物论学说的创始人之一。

充满叛逆精神的否定意识似乎越来越被强化和提升，尼采在评论德谟克里特的文章里，如此写道："怀疑精神是传统僵化思想的掘墓人，正是在不断怀疑的过程中，那些被错误的理论隐藏起来的真理才逐渐浮现出真身。当然，也有另一种可能，那就是我们或许能够再次验证传统理论的正确性，尽管其是通过两只泥脚来站立，因而，黑格尔主义者[①]会认为我们在试图运用否定之否定法来验证真理的正确性。"

可是，就像尼采一直经历着的那种反复的情绪变化一样，他这种积极而乐观的状态并没有延续十分长久的时间。思维敏锐的尼采很快就感觉到，他这样的沉浸于文字工作中的人，整天都思考着德谟克里特哲学思想的人，选择在军旅中锻炼身体、受着压抑和浪费时间是多么地不幸。他的消极念头也十分可怕地伴生了负面事件，1868 年 3 月，他在进行训练的时候不小心从马上摔了下来，肋部和胸部的肌肉都被严重拉伤。受伤的时候，尼采痛不欲生，竟然昏迷了两次，这次重伤让他在医院里待了十几天，还做了手术。这次不幸的事故也让尼采当军官的梦想破碎了，但是它也给了尼采难得的时间在病床上进行学习和思考，这也是最适合他的、他最喜欢做的事情。在这段时间里，也许是身体的重大创伤和长久以来被时间的紧迫所抑制的天分无法释放，他在养病期间终于得到一个短暂爆发的机会，写下了他人生中的第一篇哲学论文《康德以来的目的论》，主要针对从康德以来哲学界关

①黑格尔主义者：信奉和发展黑格尔的思想体系中的庞大哲学系统的学者。

于目的论的学说，并进行全面分析和归纳。按照尼采自身的想法，就算是世界上拥有多种多样的生命形式和种类，也很难被归因于自然演变的结果，也无法只通过这种自然现象就推导出宇宙中存在什么样的预先安排的事物。

在养了一个月的病以后，他的身体渐渐复原，不久就升为一等兵了。在升级的快乐情绪、身体的勃勃生机和5月的欣欣向荣的氛围作用下，尼采又开始怀念之前的行伍生活，因为那毕竟是充满了最直接的生命力的。他在写给朋友的信里也提到了对于之前意气风发的生活的回忆："我没有受伤之前可是一直在险峻之路上骑行的呀！"在还没有恢复到符合重新归队的状态时，他为了聊以自慰，抚平自己浮躁的心，又开始转移研究对象，开始投入对西蒙尼德斯①的著作《达那厄的哀诉》的研究当中，并将研究的心得寄给导师里契尔阅读。信中说道："从我的学生时代开始，这首美丽的诗就一直深埋于我的内心，这诗词的旋律让人无法忘记。5月就要来临了，人们也变得更为抒情，但就算这是真实的，您在我这次论文里是看不到抒情性的论断的。"

尼采的脑海里全都是达那厄，这位命运多舛的女神与她的孩子一块儿被抛弃在了那不断变幻的浩荡海洋里。他在给导师的信件里，也交织着自己和他的女神的痛苦的诉求。但是，就在尼采要从病痛的情绪中走出来的时候，却又遭受了命运的打击，那就是他摔伤的地方总是出现疼痛感，无法痊愈，一次他竟然发现自

①西蒙尼德斯：古希腊著名抒情诗人。

己受伤的地方化了脓，阴森森的白骨从伤口那儿显现了出来。尼采平静地看着他的身体变化："我看到那情景的时候，出现了一种十分奇怪的印象。我似乎明白了一件事情，我的那些之前计划好的东西，学习、考试和旅行都要付之一炬了。一个人只有看到了自己身上的骨头的时候，才会显露出最为脆弱的一面。"于是家里人又焦急地去请医生来看病，医生仔细检查后才发现，之前的摔伤不仅是肌肉拉伤，还伤到了骨头，已经对胸骨造成了损坏了，在长时间得不到有效治疗的情况下，炎症也慢慢地渗进了骨骼里。在确诊了以后，尼采无疑是非常沮丧的，因为他尽管可以超出常人平静地接受任何痛苦和现实，可是他毕竟是有血有肉的人，有着自己的想法和追求，甚至比一般人都更需要时间来做自己需要做的事情，长期的卧病在床也让他的心情变得越来越糟糕。但是，无论如何还是要听从医生的要求，尼采需要再进行一回手术。他在妈妈和妹妹的照顾下来到海尔进行诊疗，主要进行水浴疗法。由于尼采的积极配合，这次治疗取得了较好效果，之后尼采的胸部也没有发生过较大的问题。尼采在海尔接受治疗后，就返回到了家乡休养生息。

什么事情都有它的正面和反面效果，这次意外的受伤尽管让尼采当军官的梦想破灭了，身体也或多或少受到了一些损害。可还是有正面作用的，那就是在脱离了行伍训练的这近半年的时间里，尼采有了充分的时间来系统回顾和整理之前耽误下来的研究与课题。这点也可以从他妹妹的回忆中看出端倪："哥哥的那回十分危险的境遇，其实是一种很大的赐福，因为在那五六个月的日子里，他可以自由地掌控自己的时间，不用受到军旅训练或是大学课程的限制和束缚，也脱离了交际圈子的累赘，可以一心一意地投入那孤独而美好的环境中去。他能够全身心地沉醉于哲学问题的思考，而在这个时间段中所写的各种论文，也都带有了很多哲学的味道。”的确，这段非常可贵的空隙时段，让尼采能够潜心反思和总结之前的所有思想，让很多萦绕在脑海中的灵感得到沉淀和落实，这也给他日后进行更为深刻的哲学写作打下了坚实的基础。

尼采的第二次服役是在1870年的秋季。那时候，北德意志联邦希望为德国的资本主义发展清除障碍，需要进一步将德国境内的一切小诸侯国都联合统一起来。可是，当时的法兰西帝国不愿意看到德国的强盛，它们想要通过战争阻止德国的统一，让德国的资本主义无法正常发展。如此一来，普鲁士和法兰西之间的战争就无法避免地爆发了。普法战争[①]是欧洲乃至世界历史上一次十分有影响力的战争，对于尼采乃至当时整个时代的人来说，都是一生里最为关键的事件，这也成了尼采思想历程中的一个转折点。

但是，由于尼采在普法战争的前一年已经在巴塞尔大学任教，根据规定他只能作为瑞士籍的士兵来参加战斗。再加上他有过重

①普法战争是1870—1871年普鲁士王国同法兰西第二帝国之间的战争，战后德国实现了统一。

伤的经历，体质上也弱于一般青年，因此这次服役他只好作为看护兵来参加战事。也许，现在回过头来看的话，这是救了尼采的性命，也是让人类的思想进程不致受到负面影响的好事。1870年9月，尼采在进行了短期的医护培训后便被派往了战争的前线，经过了足足两天的火车旅程，他才到达了处处让人无法直视的可怕战场。他在给朋友的信里写道："我在一个破破烂烂的拉运牲口的车厢里待着，里面还有六个受了重伤的军人，我负责照顾他们几个人。他们身上有的被子弹打穿骨头，有的人遍体鳞伤，有的人皮开肉绽，我的精神都不知道怎么挺过来的。现在想想，我可以从那腐臭的环境里活着回来，甚至还可以吃下饭、睡着觉，确实是难以想象。"这些令人惊惧的战争景象让尼采慢慢形成了反战的情绪，也让他对痛苦的理解和认识产生了变化，间接给他的思想以诸多启示。

1870年10月，普鲁士对法国取得了巨大的优势并横扫其军队，法国宣布投降，普军也占领了法国北部的大部地区。尼采在面对这次胜利的时候采取了较为冷静的态度，他不仅没有像一般德国人那样兴高采烈，而且表达了自己对德国未来发展的忧虑。德军的一场场胜利让尼采感觉到了越来越深的排斥，他在给朋友的信里说："我对咱们国家未来的文化发展之路深感忧虑，这个样子的德国对所有其他文明国家都是十分危险的。"普法战争造成的生灵涂炭，让亲赴现场的尼采感触甚深，也让他认识到了这种铁血的国家文化实际上就是一种原始的野蛮文化。

总之，尼采的第二次参军，亲临普法战争第一线的所见所闻，都让他对德国文化有了更深一步的直观了解，这些认识也成了他之后许多论文和思想的基础。可以说，第二次入伍让尼采有了更多哲学理念上的感性知觉。虽然尼采并不激动于德国的全面胜利，反而更多的是对民族前途的忧虑。但是，看到凯旋的德国军人的雄壮而威武的气势，让他有了一种感悟：那就是最高级和最强大的生命意志并不是直接表现于直观而渺小的生存竞争之中，而是表现于战斗本身的意志力上，表现于一种权利的构建和处于优势地位的意志力上。他将那种意志力归纳为核心的“要”字上面，即要去战斗，要获得权力，要取得超越所有的权力。这实际上也就是人最为本质的东西，这也就是生命和意志的价值与意义，而这种权力意志①的思想就构成了其哲学理念的重要部分。总而言之，正是军旅生活和残酷的战争现实给予尼采以充分的灵感，才得以发现和总结出世界上很多事物与表象之间的本质联系。普法战争的结束也是尼采军旅生涯的结束，从此以后他再未进入过军队服役。

点评：

尼采的从军生涯是相对短暂的，但是却对他的心智和身体的成长起到了十分重要的影响。军旅生活的磨炼让尼采的思维得到了更为综合而全面的启发，使其看问题的视角得到了有效的拓展。

---

①权力意志：亦称为“权力意志论”，是德国唯心主义哲学家尼采的用语，是把追求权力，要求统治一切事物，征服所有妨碍“自我扩张”的东西的意志看作宇宙本源的唯心主义理论。

尤其在前线目睹了战争本身的惨烈与残酷之后，尼采对于当局的一味炫耀和依赖武力解决问题的方式表达了自身的抗议和不满，也对民族前途表示了深深的忧虑。

第五章　尼采与瓦格纳的激情碰撞

前文中提到，瓦格纳是尼采生命中另一位重要的人物。尼采和瓦格纳的忘年之交总体上是基于他们对于叔本华的一致认识上的，他们对于叔本华哲学的相似的迷恋让他们有着非常坚实的心灵羁绊。而且，在尼采初识瓦格纳的时候，55 岁的瓦格纳早已名扬天下，有着独特音乐领悟力和掌控力的尼采当然也由衷地仰慕这位音乐大师。他几乎是怀着近乎眩晕的激动去拜见他的大师的，在受到邀请的那几天里寝食难安，还特地为拜见瓦格纳定做了一套燕尾服。上天是眷顾那些心怀诚意的人的，尼采在刚过 24 岁的时候，终于如愿以偿地面对面见到了瓦格纳，他强压着异常激动的心情向其做了自我介绍，同时表达了自己的崇拜之情。虽然瓦格纳还没听过尼采的名字，但是也很快被其独特的见地与谈吐吸引住了，两人从音乐聊到哲学，在认识和理解叔本华上两人有着强烈共鸣，从此开启了两位伟大人物之间的世纪之交。

尼采到了巴塞尔大学任教之后，本来他对于巴塞尔这个地方和他所要开启的职场之路并没有太多兴趣，甚至带有一些抵触的情绪。但是，当他知道了他所仰慕的曾有过一面之缘的大师就住在巴塞尔近郊的时候，那一切阴霾仿佛都云开雾散了，生活似乎又充满了阳光的普照和雨露的滋润。在巴塞尔安顿下来不到三个星期，尼采就迫不及待地要去离巴塞尔不远的郊区的一所宅邸，也就是瓦格纳所隐居的特里伯森[①]拜访了。尼采来到这伊甸园式的宅子门前的时候，听到了里面传出来的钢琴声，那必定是瓦格纳在弹奏，于是他激动地按响了门铃。但是，当天未能让尼采如愿，因为瓦格纳正在潜心创作一部十分庞大而宏伟的作品，他们便约在了圣灵降临节那一天于此相会。

这个时候的瓦格纳虽然已经 55 岁了，但也是其一生中创作最为鼎盛的时候，傲然于世的他正在特里伯森完成他的举世名作，即四幕歌剧《尼伯龙根的指环》。在他的心中，这部歌剧并非为取悦于人，而是为了拯救世人灵魂所作的，它的壮丽与超绝，是任何一名观众也配不上欣赏它、任何一个演唱家也配不上演唱它的。可是，牢牢掌控着自身灵感与力量的瓦格纳，也并不是完全愉悦的，他也和尼采一样具有那种叛逆与特立独行的精神。他不要什么达官贵人的褒奖，只希望自己的作品可以帮助社会，把德国式的博爱传播给每一个人。他希望国民可以慢慢理解他的作品，跟上他前进的步伐，让真理的光芒洒遍德国人的心田。

等到他们约好的日子，两位世纪伟人终于可以促膝长谈了，尼采温和深沉、青涩炽热，瓦格纳则健硕严肃、容光焕发。瓦格

---

①特里伯森：巴塞尔郊区临近湖边的一所大型宅邸，路德维希二世国王为瓦格纳预付了租金让其居住。

纳跟尼采详细地阐述了他作品中蕴含的思想，并且要求这个年轻人加入他的追逐力量与意志的行列中。两人十分投入地聊到很晚，当尼采准备离开的时候，瓦格纳十分热情地要陪着这位年轻的朋友一起到河边去散步。这也让尼采十分兴奋，终于圆了他长久以来的梦。他一直以来都孤寂着的心，是需要去热爱和倾听一位让他真心敬仰和崇拜的人的，叔本华已不在人世，而现如今终于有一位活生生的闪着光芒的知己站在眼前。尼采觉得，无论用什么样的方式去爱他都不算过分，他愿意全心全意地为瓦格纳而战。反过来，瓦格纳对于得到尼采的正面回应与肯定是十分开心的，他能够看到这位青年身上的非凡才能，在他们讨论的过程中，他不仅可以一吐内心深刻而难以为世人所理解的思想，而且可以得到对方的积极而充满启示的响应。这种正面的化学反应是他们二人都十分乐在其中的，而且互相都感觉受益匪浅。

尼采在巴塞尔大学的第一次演讲就获得了巨大成功，演说的主题是关于荷马作品的风格在古代学者和艺术家之间的判断分歧问题。他认为喜爱荷马[①]作品的艺术家的判断也是具有客观性的，学者也要认可艺术家所做出的判断。这些学说引起了巴塞尔的学者和中产阶级的关注，听众纷至沓来，争相目睹和聆听这位青年教授的独特思想。很快，这个消息也不胫而走，一直传到了特里伯森那儿，瓦格纳知道了非常兴奋，给尼采送去了一个便条：“请

①荷马：古希腊盲诗人。相传创作了记述特洛伊战争以及关于海上冒险故事的古希腊长篇叙事诗——《伊利亚特》和《奥德赛》。

来我这里待段日子吧，告诉我是如何做到那成就的，我还从来没有在自己的国人那里取得这样的愉悦呢。快些来拯救我的一直在挣扎着的信仰吧，就像歌德所说的，我也把这种信仰叫作德国式自由的信仰。”

尼采在接到大师的字条后也十分兴奋，恰好他那几天有空闲的时间，便欣然前去和瓦格纳会面。一来二往，尼采也就成了特里伯森的常客。尼采在文章里写道：“瓦格纳的人格是具有我们可以想象的所有理想特征的，他的灵魂高尚而伟大，他有着极强的个性和魅力，他也对知识有着强烈的热爱和渴求，他的性格也配得上任何人的爱。可是我不能再这么夸赞下去了，否则我就会被看成是自说自话了。我只愿大家明白，别被任何关于瓦格纳的负面报道所误导，因为这世界没有人能够懂得他，也没有人配得上评价他，他压根就不是俗人能够理解的，而且，这个世界都会在他的艺术中迷失。瓦格纳简直就是理想与人道的化身，他在我这里就是神一样的存在。”

其实，瓦格纳曾经应国王的要求写国家与政治的短文，写成后却被官员们认定为具有蛊惑的效果而被禁止传播。尼采有幸从瓦格纳那里获得了一份原稿，其内容可以说对尼采的思想也产生了一定的影响，其之后的一些论文和文章里也经常体现和反映出此文的一些概念。文中表达了如下观点：大自然有一种神奇的魔力，让生存在其之下的人们心甘情愿地承受着日常的痛苦和牺牲，在对那虚幻的永恒的快乐之期望中执着地受难和挣扎，不懈地争取事实上永远不能追求到的幸福。那么，政治所要起到的作用正是和大自然相似的，统治者就是要保持和增强这种幻觉，让人民对国家和君主的信奉和热闹成为像是对大自然那般的本能的信念一样，它包括爱国主义的和宗教的幻觉。但是，这毕竟只是一种较为低级的奴役手段，真正能够提升人民精神水平，让他们从平庸的幻觉上升到一定的思维高度的，就只有艺术。艺术可以给予日常生活更为放松的状态，让人民从痛苦和牺牲的苦海里脱离，从幻觉和迷醉中得到解脱。尼采对此文的评价是："这种思想和态度是空前的，因为从古至今没有人能够用这样富有哲学气息的口吻跟自己的国王对话。我觉得整个人都给激励起来了，这其实源于他心中所显现出的叔本华气质。和普通人比，一个国王更要明白生命的悲剧性。"

被外部社会所排斥和分离愈加增强了尼采和瓦格纳的内在联系，尼采在编订他的名作《悲剧的诞生》的时候，是以古希腊思想为阐述重点的，他在其中也发现了瓦格纳精神的缩影。因为天生就带有悲剧气质的古希腊人有着非同一般的壮志雄心，他们想要通过对古代神话的复兴来启迪和陶冶普通民众，达到抬高民族整体格调的效果。而瓦格纳致力于对希腊悲剧的复兴运动，也就是想要把剧院作为重新调动和唤醒大众精神中诗性的手段。但是，也就像希腊的艺术没办法调动当时的商人、政治家和市井民众的注意力一样，尼采时代的所谓民主主义者与庸俗的思想家们也没法接受瓦格纳的高尚精神教育，这种崇高的事业也无法付诸成效。

尼采对此也是痛心疾首，在信中他写道："现在的世道越来越犹太化了，人们都沉浸在无休止的政治斗争和世俗闲情中，他们根本没有接受和认可瓦格纳更为人格理想化的深刻艺术。瓦格纳和普通人的区别就好像是卓然的骑士与市井百姓的差异，永远都隔着一层无法穿透的墙。可是，瓦格纳的努力也最终会像埃斯库罗斯那样遭到失败吗？"在那段时间里，这样的思想总是在尼采的头脑中闪烁。

瓦格纳对于尼采的欣赏，随着对其了解的逐渐增多也越来越得到增强。有一次，他们正在一块儿讨论问题的时候，从剧院方面传来了一个令人伤心的消息。由于演出方没有按照瓦格纳的指导方案进行演出，《女武神》和《莱茵的黄金》都遭到了失败，这消息让瓦格纳大受打击，尽管他早有预感，甚至他本身也就是为那虚幻中的观众与剧院创作的这部乐剧，可是他的希望还是美好的和带有憧憬性的，失败也是客观的和现实的，这让瓦格纳心存的那一点美好的愿望终于灰飞烟灭了。尼采深深地感觉到了老师的内心变化，为了安慰他那颗受伤的心灵，尼采积极地帮助瓦格纳进行各项活动与工作。他监督和秘密刻印了瓦格纳的一部自传，并且应瓦格纳夫人的请求，前往巴塞尔购买为家庭木偶戏准备的小雕像。在瓦格纳夫人的眼里，尼采没有那种严肃而可怕的印象，而仅仅是一个可爱的 25 岁的青年人。尼采对夫人的请求十分用心，走遍了巴塞尔的大街小巷来挑选最为心仪的物品，最后都感觉不理想，便写信找朋友在巴黎选购了最为形象逼真的雕塑。木偶戏演出的时候，尼采和瓦格纳全家一起度过了一个温馨愉快的时光，瓦格纳夫人还专门赠送了一本蒙田[①]的书给尼采作为礼物。这本书也让尼采大受启发，也很快地爱上了蒙田的思想。

尼采对于希腊艺术的痴迷和热爱，让他对其艺术的终结也有着十分遗憾和痛心的感触。这让他直接将矛头指向了始作俑者苏格拉底[②]，他认为这个表面上受人尊敬的哲学家，实际上既不写书立传也不发表观点，只是在大街小巷闲谈他自己的小逻辑，用他自己的有趣理论去说服别人直面自身的无知，并且嘲笑他们，还强迫那些人嘲笑自身。尼采觉得苏格拉底在瓦解这个民族的赖以存在的精神和支撑他们道德准则的信仰，就因为苏格拉底的对艺术的蔑视态度，让欧里庇得斯和柏拉图都放弃了开发本身所具有的超高的艺术天分。尼采对于苏格拉底的这种直截了当的批判，让整个巴塞尔都震惊不已，反对之声不绝于耳。而瓦格纳在听到了这个消息以后，立即写了一封信给尼采："我的立场是，我十分欣赏你的看法，它简直棒极了！你不光是看到了真理，还使用了非常贴切的语言把它表述了出来。我不得不说我现在是在用十分急切而且充满了敬意的心情在等待着你的这一系列论文的出场。可是我还是怀有一些为你

①蒙田：法国文艺复兴后期、16世纪人文主义思想家、作家、怀疑论者。主要作品有《蒙田意大利之旅》《随笔集》和《热爱生命》。

②苏格拉底（公元前469—前399）：古希腊著名的思想家、哲学家、数学家、公民陪审员。

担心的忧虑，因为我有前车之鉴，我怕你会在众人的反对中落败。我的建议是不要将这个想法也加入你正在编订的那本作品里，那是无法被众人接受的。你需要做的是将这种惊世骇俗的思想充分整理完成后，用一部宏大的作品来集中阐述，那样你才可以用最为雄辩的和恰如其分的方式表达清楚自己的系统概念，把苏格拉底与柏拉图的错误完全展示出来。”

尼采经常对瓦格纳提出一些请求，让其帮助澄清自己思想的混沌之处。对此，瓦格纳热心地回信说：“真诚的朋友，我十分开心和你如此通信，你是第一位能够跟我进行严肃沟通的人。假如少了你这样的朋友，我都不晓得自己会成什么样子。我把时间腾出来，就能够有更多的自由时间来跟你并肩战斗，这是我心甘情愿而且十分乐意的事情。事实上，我们就像一个整体，在为了同样的目标而分工合作共同前进。我们应该发挥各人的长处，用你的语言学和我的音乐互相促进，我需要你的语言学指引我进入古希腊的艺术圣殿，让我找到那个时代的灵感。”

然而两人的友谊也不是没有一丁点儿曲折的。在我们前面提到的尼采第二次从军以后，他的前线经历给了他不一样的思想启示，让他能够在举国处于胜利中的欢欣鼓舞的时候还能够保持自身的冷静，他明白穷兵黩武并不是德意志民族的出路，那只会对人类文化产生非常大的威胁。尤其是当整个民族都沉浸在对战争的狂热之中，竟然连伟大的贝多芬诞辰百年纪念日[①]都忘记庆

①贝多芬诞辰百年纪念日的准确日期是1870年12月16日。

祝时。尼采对此十分痛心，他表示贝多芬给予整个民族的灵魂贡献要远远超过战争胜利的意义。但是尼采在这种失望情绪下去见瓦格纳的时候，却意外地没有得到朋友一如既往的正面支持，因为此时的瓦格纳好像没有了之前的当民族处于逆境时期的精神境界，他也乐于体味那种民族主义的俗气的快乐。战争的胜利让瓦格纳也有些改变了对本民族的态度，他正在把对法国人的胜利作为自己的开胃菜细细地咀嚼。尽管如此，瓦格纳还是拒绝接受那带有政治庸俗目的的普鲁士桂冠诗人的称号，也算是给包括尼采在内的其众多拥趸和信徒一个交代。

战后的尼采一直处于精神的困扰之中，甚至有了抑郁症的症状，经常失眠。经过一段时间的旅行和休养之后，他稍稍恢复了一些精神，便又积极地回归之前的生活，经常去找瓦格纳见面。可是，他发现瓦格纳家中的氛围已经有所改变，不再是之前那个世外桃源的净土了。越来越多的陌生群体在涌入，瓦格纳好像也不再是之前那个孤高而索居的神明，变得和所有人都可以侃侃而谈，因为他一直对于战争的胜利持非常肯定的态度，他认为现在是唤醒全民族人民的心灵的最好时机。尼采怀着忧虑而不安的心情和大家一起讨论着，他感觉自己的灵魂不是属于这个圈子的，他也失望地看到本来和他纯然一心的瓦格纳似乎也在改变着初衷，他无法找到之前那个让他无限崇拜的人了。

紧接着又出现了一件让尼采深感矛盾的事情，那就是瓦格纳将要搬离特里伯森这个地方了。尼采听到了这个消息，眼前马上就浮现了自己第一次拜访那里的场景，他和瓦格纳在那儿会面交谈的点点滴滴都历历在目。但是，回忆终归是回忆，现在的特里伯森已经是盛友如云的交际场，已经失去了往日那宁静而深刻的气息，离开此地也许是好事。可是，难道瓦格纳去了新的地方就能够扭转和脱离那庸俗的交际圈吗？尼采虽然愁肠百转，但还是接受了对方的要求，帮助他们收拾行李，他一边帮瓦格纳一家收拾着屋子和物品，一边回忆着和他们一家人在一起的快乐时光，这也许是他一生最为愉快的日子。这可以从晚期尼采的自传里看出："在我一生所有的快乐里，在特里伯森的那段时间是最为印象深刻，那里的每一天都充满人性的关怀与信任，可以让我在深刻而纯粹的思想和闪烁的灵感里徜徉。瓦格纳给予每个人的印象都不同，但是我和瓦格纳之间是绝对的心有灵犀，绝无芥蒂的。"

瓦格纳移居拜洛特之后，尼采仍忠心耿耿地追随老师的脚步。他一直都热爱瓦格纳，希望为他而战，可是，事实的变化让他越来越感觉到忧虑和不安，因为他的精神实质并不会去主动讨好和迁就公众舆论，他希望用自己的力量激发和唤醒大众的精神意识。而现在站在他跟前的瓦格纳，似乎离之前的纯粹而又坚定的战士渐行渐远，他身上好像在渐渐失去一些独特的东西。尼采在日记里担心地写道："为何我的老师会经常如此多疑呢？这会让别人也体会到一种不信任的感觉。"遗憾的是，尼采的感觉确实是真实的，瓦格纳的性格里包含了独断而专横的因素，他已经慢慢在转变着，失去了特里伯森时期的高贵而从容的态度。

有一次，瓦格纳要求尼采发表一篇以“我们教育机构的未来”为题的演讲稿，但是尼采感觉对方的要求带有一些自私的因素，所以就拒绝了。瓦格纳的回应是比较激烈的，他说道：“我们的尼采先生恃才傲物，只会去做他喜欢做的事情。”这让尼采无论从情感还是人格上都遭受了非同一般的打击，因为毕竟他把瓦格纳当成是自己的人生知己，这种无情的打击让他感觉悲伤和羞愧。他在日记里写着：“难道我没有受到尊重的权利吗？难道我都要事事听从别人的，没有一点儿自由吗？”

不仅是平时的交流，尼采也逐渐从瓦格纳的作品中闻到了不再纯粹与高贵的味道，他明白瓦格纳已经在慢慢地向群众屈从，这其实也是一种对自身要求的降低。这是尼采无法接受的，最后只好和瓦格纳分道扬镳。而尼采的性格又十分倔强和直率，他的愤怒从其《尼采反对瓦格纳》① 一文中尽显无遗。这些都显示了尼采面对真理绝不妥协、绝不虚伪的性格特征。他和瓦格纳的半世情谊，虽然没有得到完美的收官，但是其过程也摩擦出来强烈的智慧之光，让二人在其间都受益匪浅，为人类思想的进程做出了卓越贡献。

点评：

尼采和瓦格纳的忘年之交可以说是两位伟大人物的历史汇聚，他们二人在巴塞尔近郊的特里伯森度过了非常愉快而有价值的时光，瓦格纳对尼采研究的支持和启发让后者受益匪浅。尼采

---

①尼采在此文中表达了他自己和瓦格纳是完全相反的人，只是他之前将自我思想赋予瓦格纳才导致误解。

感激这段友谊对他成长的巨大帮助，但是他本身所具有的批判精神让他勇于向瓦格纳提出质疑和挑战，最终二人关系决裂。人们在对这个悲凉的结果唏嘘不已的同时，也不禁对尼采的追求真理的精神深感敬意。

第六章　勤奋而进取的教授生涯

作为一名大学还未毕业的学生，尼采突然收到了巴塞尔大学的任教邀请，得到了大多数人梦寐以求的机会，这本来是一件让人十分欣喜的事情，但尼采却敏锐地从另一个角度认识到，自己的自由时光也就要因此而结束了，自己为最后一个学年所作的详尽的学习与生活计划也都会付之一炬。当时，巴塞尔大学首先向他的导师里契尔寄来了问询信，询问一篇十分有见地的论文的作者尼采的学术和人品如何，能否担任语言学讲师。里契尔在回信里为爱徒说了很多好话：“尼采尽管十分年轻，可是他是我从教这么多年以来所没有见过如此有天分和早熟的学生，已经具有了去做所有他选择去做的事的能力。他的精力充沛、身心康健，是莱比锡大学里的宠儿，他简直就是一个奇迹。”于是，这件事就这么顺理成章地达成了。里契尔明白，爱徒尼采肯定是会对那种全新的地域和生活有着种种疑虑的，而且，他的过于积极的求知欲和广泛的爱好很可能让他浪费掉自身的非凡天赋，因此里契尔也重复着他在尼采刚入学时就告诫尼采的话："想要自己强大，就要合理地约束自己。"

尼采听了老师的训诫，也立马打消了内心的疑虑，他马上给朋友写信说："我的兴趣一直过于广泛，我得有所选择、有的放矢了，可是，到了巴塞尔我又要重新适应那里的环境了，会是多么地孤独啊，在那里没有一个朋友，没有人可以在思想上进行交流。"当然，事后证明尼采的担忧是多余的，他在巴塞尔的近郊宅邸特里伯森同瓦格纳建立了亲密无间的关系和友谊，不光是满足了尼采在精神上的诉求，还远远超过了他所想要的东西。尽管在毕业问题上还牵扯一些小问题，但是都没有经过什么阻碍就顺利解决了，莱比锡大学一方面十分肯定尼采的学术能力，一方面也不想和巴塞尔大学的同事有任何不愉快的矛盾。于是，在1869年2月，年仅25岁的尼采就成了巴塞尔大学的讲师，整个家族也在为其成就感到光彩和荣耀。

我们上面在尼采的从军生涯中提到过，他的第二次服役是以瑞士国籍加入的，这是因为他在巴塞尔执教的同时就取得了瑞士国籍，并成了一名瑞士公民。尼采在巴塞尔大学的第一次题为"荷马和古典语言学"[①]的演讲获得了巨大成功，演说的主题是关于荷马作品的风格在古代学者和艺术家之间的分歧问题，他觉得喜爱荷马作品的艺术家的判断是经得住推敲的，学者也要认可艺术家所做出的判断。这些学说引起了巴塞尔的学者和中产阶级的关

①这篇文章是尼采于1869年就任巴塞尔大学讲师时的就职演说。

注，听众纷至沓来，争相目睹和聆听这位青年教授的独特思想，他们都被尼采独具特色的论断与精彩的修辞所折服。尼采可谓是迎来了一个开门红，也就是说，从尼采第一次在巴塞尔大学现身开始，他就已经得到了人们的肯定，已经成了学术界和贵族社会的新宠儿。

尼采对待工作是尽心尽力、恪尽职守的，他的智慧、活力和音乐上的天分，让他赢得了学生们的广泛欢迎，上课都聚精会神地听他上课。同事也倾慕于尼采的才华，和他保持着良好的关系。上流社会把邀请他来家里做客视为荣耀，他虽然积极在社交上游走，可是内心里更喜欢纯粹的友情。尼采在这中产阶级云集的发达城市里，并没有找到真正的伙伴，只有瓦格纳是他真正的知己。只有在特里伯森跟瓦格纳待在一起的时候，他才能感觉到真正的自我与快乐，而一旦回到了巴塞尔，又会立即体会到孤独与落寞。他在给朋友的信里诉说道："这里好像没啥事是可以让我称心如意的，孤独总是不断侵袭着我，我甚至想通过得一场大病的极端方式来取得闲暇时间和你畅聊整晚，因为写信这种方式是很难抒发透彻情感的。人在哪里都是友谊支撑的，在最为阴郁的时刻总是需要友情的阳光普照。"

对于昔日的恩师，尼采也常常会挂念他，在给里契尔的信中，尼采写道："我的整个求学过程中，是完全由语言学和艺术组建起来的。您在我生命中的作用异乎寻常，好像是把我从天上的一颗不断漂流的星星变作了稳定的恒星那样。我在您的教导下渐渐把之前散漫的毛病改掉了，并且在规范而严肃的研究过程中品尝到了真正的快乐，而且每日都有新的体验，让我的生活丰富而有意义。我觉得自己像是一个捡贝壳的人，而且正在把它们串联在一起。”他在信里所说的要串联在一块儿的就是他在编订的书籍《悲剧的诞生》，书中以古希腊思想为主线，以一种全新的视角对其历史进行反思。他认为要在语言学上获取大的研究发现，就必须要有极富创新性的观点。

在巴塞尔的教学和科研过程中，尼采还生发了一些新的思想和观念，他也在第一时间向导师汇报了他的进展：“对于希腊文化的研究，我觉得大家普遍都在故步自封，讨论和交流的东西根本不是其精神的实质。人们经常把希腊的快乐与静谧看作是最为美好的事物，可那早已是老生常谈了，苏格拉底与柏拉图的智慧的魅力已然消退。大家只有去研究那更遥远的时代，才有可能找到更为感人的力量与活力。从初露峥嵘的《荷马史诗》到后来颇具气候的埃斯库罗斯的作品，这些公元前六七世纪的作品体现了古希腊精神的精髓，尽管时代久远，可是那时候和我们现今的时代何其相似啊，都相信宇宙中的宿命的存在，都相信要对自身的德行进行规律并遵循信仰的指引。那些古人跟我们相似，都有着悲剧的情怀且具有继续面对生活的勇气，并有着为了创造新的美的理想而奋斗的意愿。”

在那一年冬天的时候，尼采又针对其对古希腊艺术的研究发表了两次演讲，主要内容是关于古希腊悲剧。

在巴塞尔大学的任教经历丰富了尼采的视野和经验，让其思想的灵感更为有活力，但是也让他的时间大为压缩，总是忙碌于各项事务中，这让其创作也受到了一定的影响。1870 年 3 月，尼采被正式授予教授职称，工资也得到了巨大提升，从 500 法郎升到了 3500 法郎。尼采对于工资的巨大涨幅没有什么特别的喜悦，倒是对于这种荣耀十分开心，也就更为投入和专心地进行着日常的教学工作。但是，职位的升高带来的也是义务与工作量的增多，学校多给他安排了一门高年级课程，还给了他一个撰写稿件的差事，稿件的内容是关于祝贺一所大学的某位教授执教满 50 周年，而且是用拉丁文来撰写的。这样一来，尼采就被各项事务给纠缠住了，可是尼采没有抱怨和逃避，而是义无反顾地投入了课程的设计与稿件撰写工作中。到了 4 月的时候，尼采更是感受到了什么是水深火热，因为他的恩师里契尔刚刚创办了一份杂志，希望尼采能够为这份新刊物撰写论文，尼采义不容辞地接受了任务，但是由于时间上的拮据，他不得不写信向朋友求助：“就我个人来说，为老师的刊物撰写论文是我十分愿意完成的任务，可是我的时间已经排得满满当当的了，但我还是会尽全力的，我需要你的帮助。作为创刊号来说，总是会有很多困难的，读者也总会用带有一些吹毛求疵的态度来看待它，因此我们要尽量做得完美才好，我跟老师承诺了要尽力而为，我希望得到你积极的回应。”

到了 1870 年，欧洲风云突变，普法战争不可避免地爆发了。

尼采对此采取了和众人不一样的更为冷静的态度，他不想俾斯麦政府因为战争的原因而膨胀得过于强大。尼采觉得战争无法给民族真正的改变带来有用的东西，其实尼采现在已经是瑞士公民，是以一个中立者的态度来冷眼看这件事。他也因为国籍的转变而免于再次入伍，和妹妹一同在一个山中的旅馆里居住。他终于也借着战事得到了一丝闲暇的时光，可以投入地进行他的个人创作。在这段时间，尼采写出了几篇关于古希腊艺术的带有抒情风格的文字，其中包括了他著名的对酒神与日神精神[①]所下的定义。与此同时，战事也在愈演愈烈地进行着，本来跳出了战争羁绊的尼采，由于内心中蕴含的那种热血之情，也很难完全置身事外的。一方面觉得自己在偏斜之处躲避战乱十分孤独，另一方面也想要去为民族尽一份绵薄之力。他怀着十分矛盾的心情给里契尔夫人写了一封信："不幸的事情总是在一遍遍重复，历史的演进有那么多的循环反复，在战争的背后，我们无奈地目睹着文化传统的损毁。但是话说回来，我对自身的毫无作为也深感羞愧，我曾经在军队训练了那么久，现在是可以用得上的时候，现在各地的青年人都在踊跃报名，我也不想独善其身。"

于是，正如前文所述，尼采走上前线成为一名救护兵，他目睹了战争的残酷和人性的真实，这种特殊的经历让他对世界有了全新的观念和认识，这时间虽然短暂，却开启了尼采人生的新的里程碑。他也不再是之前那个超脱世事的瑞士公民了，

①日神精神即"阿波罗精神"，指把世界当作美丽梦幻来欣赏的精神。

他的爱国之心被唤醒，本来有些踌躇不定的性格也在经受洗礼后变得更为坚定和崇高。尼采是带着疾病从前线撤回的，在养病期间，身体还不是十分健康的他依然笔耕不辍。战争给了他灵感，推己及彼，尼采从古希腊战争中看到了其和古希腊文化的密不可分的联系，战争的落败产生了悲剧性色彩，反过来民族也可以从悲剧里吸收更为强大的力量。他顺着这条线，一直积极地探索着悲剧的本质，他好像是将悲剧作为自己思想的根基，也是他思维的原点。他对悲剧的研究也可以划分为三个阶段：从悲剧之艺术作品，到悲剧的人物，再到悲剧的民族。对此，我们不要误解尼采的初衷，他并不像其他老学究那样总是沉耽于文字表达，事实上他是希望从历史的残骸中找到可以成为本民族和本国家的理想的结构图式。

尼采从真实的战争体验中开始厌恶战争本身，也对民众盲目地崇拜因战争而发家的政府而深感忧虑。在从家中休养完毕回到巴塞尔之后，他前往瓦格纳那里寻找慰藉，可是却发现对方好像突然失去了以前那种高贵而凌然的气质，变得和众人一样在享受胜利的喜悦，将胜利作为生活的鸦片来吸食了。好在，尼采又在这个十分需要理解的时段认识了另一位知己，那就是和他的战争观十分相似的历史学家布克哈特。他在社会学科上建树广泛，性格上较为忧郁，痛恨所有的战争与野蛮行为。二人共同居住的城市巴塞尔是欧洲一座著名的中立城市，不卷入任何的战乱和祸端，这也让布克哈特感到十分自豪。布克哈特和尼采相似的地方就在于，他推崇古代的那种质朴的风纪，而排斥普鲁士现下表现出的强权统治。这二人幸运地成了巴塞尔大学的同僚，课间总会在一起讨论问题，有闲暇的时候，他们还会在莱茵河边散步。两个人的交往带有着求同存异的良性发展的特点，虽然在很多问题上有着颇为一致的观点，但是也经常会因对某些事情坚持自身的看法而产生交锋。比方说，尼采有时候仍对战争抱有幻想，他认为这将会一改德国人的庸俗气质，经过洗礼后的德国人将拥有更为崇高的品质。而布克哈特则认为战争对古希腊人的启迪和教育不能直接等同于现代战争，后者更容易随着时间的流逝逐渐被人忘却，所以它对民众的教化作用是十分有限的。

布克哈特身上的忧郁气质在他的学术讲座中得到了充分显现，他宣称战争的胜利和民族的侵略根本不能体现出伟大事件的本质，历史上庞大而宏伟的帝国层出不穷，可是我们的脑海里不会有很多关于它们的记忆。而真正的伟大其实就是能产生历史效应的伟大，如歌德的《浮士德》[①]和牛顿发现物理学定律等，只有这种高度的事物才可称其为伟大。尼采听了他的这个讲座以后非常兴奋，给予了热烈的掌声，他似乎看到布克哈特身上也有了叔本华的精神。但是，尼采没有仅仅停留在对布克哈特的认识上面，而是想要进一步行动起来改变一些什么。他的想法事实上和瓦格纳的想要建立一座剧院的计划有十分相似的地方，尼采希望建一个神学院，让青年学者可以有一个固定的讨论和学习的空间，

① 《浮士德》是歌德的代表作，是他毕生思想和艺术探索的结晶。

这个空间相对是十分自由和轻松的，年轻学者可以最大程度上得到发展。这种设想是非常理想化和美好的，也是尼采的天分的一种显露，他构建了一个集思想与艺术于一体的家园，永远传承德国的崇高精神。但是，可以想象的是，尼采的理想过于美好，完全超出了现实的可能性。

尼采发现自己的计划得不到周围的人支持后，只好将精力又都投入了按部就班的研究和教学之中。他的思想重新回到了古希腊城邦的美好图景中，那似乎是他始终魂牵梦绕的地方。尼采对古希腊人内心中迸发的力量与美十分着迷，他认为达成希腊文化的追求艺术与天分这一目标的基础就是奴隶制度，而为什么是这个原因，尼采便又回到了他青年时期就已经萌发的思想，那就是悲剧可以创造美，美也只能在痛苦的感受中得到留存。他认为只有在不停地战争中才能获取美感的价值，这种思想无疑是处于孤独和自我封闭中的尼采的幻觉之言，他确实应该看一看社会的情态，就不会总陷入自我的幻象中。

尼采的情绪总是不太稳定，他常常会陷入一种沉重的低落当中，但这种丰富的情感也是他创作的源泉。他逐步地深入到哲学的研究之中，每天都有一些纷繁复杂的想法在脑海中闪现，有时候得益于教学相长，在授课的时候也会突然产生一些新的想法。但是，在弄清楚并梳理这些新的理念之前，尼采的心绪常常是无法安定的，也就处在了精神上失眠的情态中。他在各个社会学科之间来回涉猎着，似乎已经失去了控制。这时候瓦格纳伸出了援助之手，帮助他集中心志地完成了其一生中唯一的正统学术著作。

作为一名年轻的教授，尼采在工作上的成绩是极为出色的。虽然在创作上还显得不太成熟，创新观念也不是非常突出，但是风格极为独特，充满了非凡的想象力与浪漫主义[1]色彩，如《悲剧的诞生》《人性的、太人性的》和《不合时宜的沉思》等。虽然这些作品还不是尼采最成功的创作，但也充分体现出了他的天才与勤奋。从人生体验上来看，在巴塞尔从教的这段时期应该是其生命的黄金期了，他的生活稳定而快乐，有着丰富多彩的过程。他和瓦格纳的伟大友谊虽然结果不尽如人意，但是过程中摩擦出了强烈的智慧与灵感之光，让二人都受益匪浅。和布克哈特的交友过程似乎也如出一辙，但他最终对尼采的评价是有限的，他竟然在回忆录中说："尼采连放屁都和普通人不尽相同。"而神学家欧文贝克是尼采最为忠诚的朋友，他在尼采晚年的时候帮助其到一家精神病医院进行理疗和医治。在认识了心理学家保尔·李之后，受其论文的影响，也启发了尼采针对道德偏见的思索，并创作出了他自己的战斗宣言。加斯特是尼采最为喜欢的学生，是尼采最为忠实的追随者和聆听者，并为尼采的思想发展注入了他自己的色彩。

点评：

在叔本华思想的启发和瓦格纳友情的促进下，尼采在巴塞尔

---

①浪漫主义在反映客观现实上侧重从主观内心世界出发，抒发对理想世界的热烈追求，常用热情奔放的语言、瑰丽的想象和夸张的手法来塑造形象。

任职的初期就获得了成功和认可，《悲剧的诞生》让人们初窥这位年轻教授的非凡才华。教学工作本身也让尼采得到了很多启发，在教学相长的推动下他的研究工作也进展迅速，并且不辞辛苦地对学校安排的所有工作都尽心尽力。在他教学的过程中，他用丰硕的研究成果和出色的教学成绩交出了一份令人满意的答卷。

第七章　颠沛流离又硕果累累的十年漂泊

30 岁之后，尼采就因为长期过度用眼而让其固有的慢性眼疾[①]变得更为严重，医生也特别关照他要注意休息，最好是在光线较暗的房间里待着闭目养神。因此他的精神更为忧郁和低落了，那时他大概 32 岁，这段时间里尼采只能一天到晚的在思考中度过，将过去的和最近的事情反复进行思索。经常被胃病、眼病和头痛折磨的尼采，依然在对痛苦的忍受中继续着他为之奋斗的研究工作。但是在他 34 岁的时候，尼采十分惊讶和伤心地看到自己的论文受到了讽刺和侮辱，最令他伤心欲绝的，是他看出了匿名的作者就是自己曾经肝胆相照的老师瓦格纳。身心持续受到打击的尼采，情绪也是越来越起伏不定，再加上他的妹妹也离开巴塞尔了，失去亲人陪伴的尼采更是常常显得激动和不安，以至于平时对他挺热情的人们都开始刻意规避他了。他的老朋友布克哈特也会机灵地避开尼采的注意力，虽然他很敬重尼采，可还是有

①尼采从小就患有眼疾和头痛等疾病。

些忌惮他的脾气。尼采发现很难像以前那样招揽自己的追随者了，虽然他是好意想要引导大家走向精神自由的领地，可是，青年人是很难被他那种虚无缥缈的自由论吸引的。

1879 年，尼采终于将《人性的、太人性的》续文《杂乱无章的观点和箴言》发表了出来，与其说这篇续文受到的攻击比之前少了，还不如说很多人都开始忽略这篇连题目都显得漫不经心的论文了。人们对尼采的情感已经慢慢地从仰慕变为同情，这主要是因为他的病情正在急剧恶化，变得有些神志不清了，医生也都有些手足无措。甚至连瓦格纳都很担心这个昔日的朋友、现今的敌人："我是不会忘记这个人的，他那么激烈地跟我决裂。我明白，假如一个灵魂让这样的激情制约的时候，让他进行理性的思考就是不可能的事情了。在遇到这种事情的时候确实应该保持理智并且表达出同情的态度。我现在一点儿都不了解他的生活，请告诉我一些我朋友的现状。"可惜，尼采永远都没能知道瓦格纳的这封信，假如他那时候知道了，他一定会十分开心的。

尼采的妹妹伊丽莎白闻讯很快来到他的身边陪伴他，她简直不敢相信自己的哥哥在一年的时间里就仿佛老了十岁，因为尼采甚至只能颤巍巍地用手势跟她打招呼。在这种极端的被动状态下，尼采只好放弃了他在巴塞尔的工作，他的辞呈也获得了批准，学校也仁至义尽地给予了他 3000 法郎作为退休金。尼采感觉自己的健康状况非常糟糕，他甚至告诉妹妹："我死了，一定不要让那些虚伪的朋友或者仅是好奇的人做我的守灵人，只能是我的最为忠诚的朋友可以为我守灵，别让那些牧师或是别的什么人说那些虚头巴脑的话。”

这时候，尼采想要去最为宁静的地方终老此生，他的妹妹便带着他到了一个人迹罕至的山谷恩加丁[①]休养，这里也确实让他得到了良好的恢复。乡下的空气清新舒适，山里的光线也较为柔和，再加上那里的农民纯朴而善良，这些都非常适合尼采的身心疗养，让其心灵得到了洗涤。尼采在日记里描绘着那里的惬意生活，他感觉到了静谧下的那种宏伟的意境，甚至让他产生了崇拜之感。他觉得那神圣的土地是适合让希腊英雄们涉足安居的，这种史诗和田园般的环境令他沉醉，也开启了他长达十年的最后的漂泊人生。

脱离了学校的依靠，尼采有了更多思考的时间和空间。学校这座学术的殿堂现在看起来反而像是壁垒森严的禁锢之地，不仅剥夺了我们伟大思想家的精力自由，还限制了他更多且更新颖的观念的生发。就像他在自传中所写的那样，他必须要感谢自己的重病缠身，正是这些身心上的病症让他可以从学生和社交的羁绊中走出来，潜心去进行他感兴趣的事情。尼采在休养了一段时间以后，感觉身体和精力都恢复了很多，就开始投入了下一步的研究工作中。他虽然在哲学的殿堂里探索了半生，但大多时候就像他的论文题目“杂乱无章的观点和箴言”那样，总是在学习他人

---

①恩加丁是格里松山最大的一条深切谷地，谷内的因河向东北流入奥地利，最终汇注多瑙河。

的思想和臆想自我的观点之间反复徜徉，徘徊不定，一直都没有提炼出一个较为系统化和理论化的为自己所独创的哲学体系。而疾病与康复是尼采后期生活中的重要组成部分，却恰恰反过来成了尼采的灵感来源。他把体验疾病痛苦的这种经历，分解出两种看待问题的视角，一种是从患者的角度去看待比较正面和积极的概念，另一种是从充溢着生命源泉的角度来看待那消极而被动的概念。因此，尼采事实上就像一个魔术师那样，同时有着双面的魔法，并且可以将自己的施法对象乾坤倒转，让所有事物的价值和意义得到重新定义和评价。

尼采在他漂泊的日子里，常常形单影只，他游走于家乡和意大利的很多地方。在客居他乡的时候，他常想起曾经跟妈妈的对话："我想知道普通人是怎么过日子的，我也要试试那种时光。"他的妈妈听了便笑起来说："普通人就是靠大肉、土豆和劣酒过日子啊。"尼采听了总会叹息，觉得德国人的生活是多么没有节制啊。而在热那亚①的一处居民的生活就让尼采十分称心，因为他们都十分节制，他还在当地人的指导下学会了一些简单的烹饪。大家对待这位可怜的教授也是十分热心的，经常有人来探望和照顾他。晚上人们看到尼采的屋里连蜡烛都不点，以为他很穷，就给他送来蜡烛，实际上他只是想让眼睛得到充分的休息。在这种环境下，尼采心理和精神上得到了相当程度的治愈。

①热那亚：位于意大利西北部，意大利最大的商港和重要工业中心，利古里亚大区和同名省热那亚省的首府。

人总是不知道珍惜自己现下拥有的东西，往往到了失去的时候才会开始悔恨。健康之于尼采也有这样的效果，当它失而复得的时候，尼采是十分欣喜和珍视的，他小心翼翼地呵护着自己的身体，并且更加有效率地去利用每一个健康的日子，就好像得到了某种恩赐似的开心。早晨一醒来，他就会带着一些书和食物到海边去，并且在那儿待上一整天。他觉得大海能够让他忘记过往的喧嚣，眼前的所有景象都是沉默而孤寂的，那里的景致能让人感到敬畏的壮美，可以从心底让我们尝到震撼的味道。尼采不断地去赞美那些对象，就算是普普通通的渔民，也都在“划着金色的船桨”。他在思索的过程中，也用本子记录着，然后用带有音乐韵律的艺术语言表述出来。他又重新提出了曾经的问题，比如到底人类的活力源于什么？人类意志到底有什么目的？如何去解释混乱的历史？他好像已经有了答案，那就是，推动着人们去抵抗自身的意志实际上都源于某种野心勃勃的力量。他一直在探索着：“人类最终要去向何方？难道就是要从大海上穿过吗？可是会从海上穿越到什么地方呢？或许有朝一日，太阳会给我一个最终的解释。”

元月的时候，尼采完成了一部手头的作品，他将手稿交给学生加斯特，后者在 3 月做好了修订工作，并交予了出版方。尼采对自己这本新书的发行十分期待，甚至希望出版方在 4 月就完成印刷工作并面世。他相信人们可以从这本书里读到很多关于无暇与纯粹的东西，是完全能够理解书中的含义的。可惜，现实和理想总是有出入，出版方并没有像尼采想象的那样轻松地就读懂此书，而且表示出了他们的不太感兴趣。本来尼采还强压着自己的欲望，希望此书的面世可以给亲近的人一个惊喜，但是出版方的一再拖延，让尼采再也无法按捺自身的焦急心情，他直接写信告诉了妹妹这一消息，告诉她这将会是一本具有决定性意义的书，想起这本书就会让他精神焕发。这本书就是后来延迟到 7 月才成功发行的《朝霞》。

尼采最后漂泊的十年可以用孤独这个词来概括，生活的孤独，思想的孤独，作品的孤独。可是那些在当时未能如尼采所料想的激起波浪的著作，现如今都被证明是非凡的传世之作。书里所流淌的那隽永而深刻的、富含生命力的文字，都是尼采在孤独地贴近大自然的状态下，在其孤独思想的灵感推动下浑然天成的。尼采对孤独有着自己独到的解释："对我个人来说，我是离不开它的，它可以使我的内心和身体都得到康复，让我回归本真，自由呼吸那惬意而让人精神焕发的空气。"尼采的思想在这一阶段较为明显的改变就是从以往高屋建瓴的贵族气质和宗教气息，逐渐向着贴近生活的风格转变。在他的眼里，比如说地方、气候、食物和休养生息这样一般人觉得再普通不过的事，事实上其价值远远超过人们普遍关注的大事，比如关于信仰、灵魂和上帝等，反过来说，正是这些所谓的重要的事情让人们更容易浅尝辄止、故步自封，让人类超越自身的脚步受到阻碍。

尼采的十年漂泊的生涯，正是宛如凤凰涅槃重生的神话那样传奇。本来在世人的眼里，这个身体病恹恹、脑子晕乎乎的怪人，似乎已经没什么潜力，人生之路的巅峰已过，有些廉颇老矣尚能饭否的凄惨。可是，就算尼采自己都感觉无力回天的时候，他竟然可以柳暗花明又一村，绝处逢生、枯骨生肉，重新释放出更为强烈的光芒。这十年的时光让韬光养晦的尼采终于铸成了他磨砺了一生的宝剑，从一只四处辛勤采蜜的蜜蜂，成长为一名独步一方的宗师。他运用异于常人的冷峻，写出了《朝霞》《快乐的科学》[①]，以及鹤立鸡群的《查拉图斯特拉如是说》，后者展现了尼采卓尔不群的深刻和天赋异禀的思想，可以说正是这本书拉开了尼采和同时代人的距离。

如上文所述，《朝霞》不啻为一本彰显尼采从濒危的人生重新站起来的宣言书。但是，尼采也清醒地认识到，这本书并不能够代表其一生的思想精华，最多只是他学术上的又一次历练和打磨，甚至像是一场采撷珍珠的游戏。他知道自己需要严肃起来做一些什么了，也许这是他人生最后一个十字路口，甚至可能是最后一次选择的机会。他清楚地知道作为一个人，他自己的角色和身份是什么，他清晰地记得从童年时候就萦绕在他脑海里的挥之不去的冲动的理念。他要抓住自己的灵感之源，把它仔细地提炼和分析，并用最为清晰的语言表达出来，也算是给自己不羁的一生画上一个完满的句号，至少是不枉自己出众的天赋。对于这种自我反省

---

①《快乐的科学》被视为《查拉图斯特拉如是说》的先声，也是尼采最重要的著作之一。

与激励，尼采是这么看的："当某人处于一种相对平静的状态中的时候，他内心的不愿满足的天性总是会回过头来对付自身的。"

尼采宛如一个想要不断进击的战士，一直要投入新的战斗之中。他的一个朋友对于《朝霞》这本书十分欣赏，写信给尼采要求去探望他。但是尼采知道了对方的意愿后竟然一反常态地十分反感，他马上给妹妹写信："我现在可不是会友的好时候，你告诉他不要过来了吧。我现在要准备做的事，是我一生最为重要的事情，别人的拜访只会让我的计划搞砸，假如我不能一直独处来完成我的计划的话，我甚至可以离开欧洲。我向你发誓，我的时间真的不多了。"于是，尼采的妹妹阻止了他朋友的拜访要求，尼采也得以获得了那珍贵的创作空间。当他在森林中独自漫游和遐想的时候，他的内心浮现出了关于永恒轮回[①]的观念。那就是，时间是不断地、无休止地延续着的，它把某种事物从一个时间段带入另一个时间段，如果向前行进是必然的进程，那么任何事物都会顺着时间的轨道回来。那么，放眼整个时间过程，其之前和之后都是无限延展的，必然有一个和自己非常相似，而实际上就是自己的人，在同一个地方产生相同的永恒轮回之观念，而且，因为时间的无限性，这种同一个人发现同一个思想的过程实际上是会重复无数次的。也就是说，并没有所谓的天堂和来世，人只是自然的影子和时间的囚徒，但是，并不是说没有了希望就失去

①据尼采所说，他承认是受到赫拉克利特的变化理论的影响，并称其为"虚无主义的最极端形式"，但也是超越虚无主义的方法。

了存在的意义，恰恰因为摒弃了那虚无缥缈的希望，才让我们的现实生活变得更为有价值，每一分每一秒都更值得珍惜，因为我们自己的个体，只有一次。由于我们所做的每一件事都会在浩瀚的时间里被重复进行，那么就算极为微小的事情，也会因为无数次的重复而具有十分不平凡的价值。尼采这样总结：“变化着的世界与存在着的世界最后和睦的状况就是万事万物的永远的轮回，这也是人的自我沉思所能达到的最高顶点。”

尼采在思考到这里的时候，明白他已经做到了自己一直想要去完成的事情，他也无法控制自己的情感了，不禁流下了热泪。他回想起自己所经历的种种磨难，这些苦痛终于没有白白经受，他一直所沉湎的悲剧意识与悲观主义终于开花结果，让他找到了最终的永恒轮回的结论。但是，我们了解尼采的根深蒂固的宗教情怀，当他现在面对这十字路口的时候，何去何从让他感到了战栗和惧怕。因为他从小所经历的诸多痛苦、各种身心的伤害，让他很难直面这种他自己建构的永恒轮回，他觉得似乎自己无法一遍遍去经受那不堪回首的折磨。但是，尼采那拥抱痛苦的意志力又发挥了效果，他明明知道前路的无限苦痛，还是强迫自己去面对它们，这个时候可以说是尼采将自身的精神升华到了极致的时刻。这个时刻所迸发出的思想火花，也组成了《查拉图斯特拉如是说》的基本概念，为这部惊世著作的诞生打下了基础。

《查拉图斯特拉如是说》其实是一部关于灵魂的心曲，尼采对这本书有着极强的自信，他在自传里写道：“在我的所有作品里，《查拉图斯特拉如是说》是有着特别意义的，这是我能够给予人类的最高赠礼。我的这本书将会流传千年，因为它不光是散发着至高的气息，人类所有的一切都在此书之下，而且距离甚远，它也是最为深刻的文字，它是关于真理本身的，是可以取用不竭的宝藏。在这本书里，没有所谓先知的预言，也没有所谓的主教在布道，人们只是在里面聆听查拉图斯特拉的平静声音：‘最为平静的语言就预示着波澜的涌起，最为悄声而至的思想能够掌控世界。’”

可是，曲高和寡的人类普遍现象又在尼采的这部奇书上应验了，大部分人纷纷表示看不懂这本书。以严谨的科研方法为基础的学术界也不能接受这种既缺乏体系又通篇呓语的古怪之书，出版社也不敢冒险发行他这本大概率会赔本的册子。于是，尼采在无奈之中只能自己筹钱来出版此书，这个过程像极了叔本华的那本被人丢弃在角落中的《作为意志和表象的世界》所遭受的不堪命运。同时，尼采作为一名严肃的教授，觉得自己不能放任世人猜测和胡乱解释书中的内容，便使用散文和格言体的形式加写了《论道德的谱系》① 和《善恶的彼岸》这两本解释性的小册子，来进一步阐释《查拉图斯特拉如是说》中所表达的思想，以免此书被庸人误解和荼毒。但是，这种努力还是无法得到人们的正面回应，反而遭到无情的攻击与批判，大家既不相信书中所说的，还对此不屑一顾。尼采对此十分失望，不仅仅是失望于自己的努

①此书论述了道德观念产生的自然、社会、生理甚至病理条件，发掘了人们在不同时期、不同条件下创造不同价值判断的共同的原始动力。

力得不到肯定，更为真理得不到响应而痛惜。他对当时的德国学术界失望至极，直接在文章中讽刺它们的愚昧和短视，这也让尼采进一步陷入了水深火热的舆论的口诛笔伐当中。

就在这个困难时期，反而是从海峡对面的丹麦传来了令人慰藉的消息。1888 年，哥本哈根的著名评论家勃兰兑斯在哥本哈根大学开设了《德国哲学家尼采》的讲座，这是对尼采的至高敬意的表达。勃兰兑斯写信向尼采询问一些哲学问题，并积极交流心得感想，这让尼采接近冰点的心得到了一些温暖，他回信称赞对方的远见卓识，还称其是一名极为优秀的心理学家。尼采的成功之路布满了坎坷，说他大器晚成也不尽然恰当，毕竟他是从幼年就展露出天分的神童，这只能用时势造英雄来解释了。千里马再有能力，没有当世的伯乐，也只能落得一个凄惨的境遇。尼采直到晚年的时候才逐渐得到认可，确实是令人唏嘘的。他也和他从未谋面的导师叔本华一样，在最终得到肯定的时候被引用了相同的一句话，那就是彼特拉克的话："谁要是走了一整天，在傍晚的时候能够走到就已经可以满意了。"

点评：

因为身体原因从巴塞尔大学离职后，尼采开始了他艰苦而颠沛流离的十年漂泊生涯。因为没有了工作的负担，尼采可以全身心投入创作中，这期间连续发表了包括《曙光》(1881)、《快乐的科学》(1882)、《查拉图斯特拉如是说》(1883)、《善恶的彼岸》(1886)、《论道德的谱系》(1887) 和《偶像的黄昏》(1888) 等著作。

第八章　凄凉而完满的最终孤寂

晚年的尼采是在精神错乱的恍惚与精神升华的光辉四射中度过的。他曾经付出了心血并寄予厚望的作品未能达到预期的回应，尽管人们在慢慢接受他的思想，但那缓慢的过程相对于尼采所剩无几的余生来说就好像一潭死水一样平静。如前所述，勃兰兑斯首先对其著作起了兴趣，然后便是丹纳，音乐大师勃拉姆斯[①]也对尼采的作品产生了兴趣，而且十分投入。这些尼采都知道，可是对于脑海中有着宇宙般宏大图景的他来说无异于杯水车薪的安慰，当他再也无法从生活中得到快乐时，那只能让忧郁的心理占据整个心灵了。

这个时候，就像他在人生各个阶段都可以不断获得一些灵感的馈赠一样，尼采在监督其学生加斯特改编勃拉姆斯的音乐作品时，发现了其作品里的不一般的美，他不禁赞赏起其中的那种荡漾着活力的新意，这无疑又给尼采的思想注入了新的血液。此外，尼采还在积极阅读各种充满新奇观点的著作，在社交上拓展了更为广泛的人群，如圣贝甫、戈蒂埃、福楼拜[②]等人，和这些人的思想进行碰撞和交流，让尼采获得了更为丰富的养料。这也让他产生了写作他的天鹅之歌的想法，他想要写作一部静美的超越一切辩论性质语言的书，一部用智慧语言所陈述的东西。尼采想要

①勃拉姆斯：出生于汉堡，逝于维也纳，德国古典主义最后的作曲家，浪漫主义中期作曲家。

②福楼拜：法国著名作家，成就主要表现在对 19 世纪法国社会风俗人情进行真实细致描写记录的同时，超时代、超意识地对现代小说审美趋向进行探索。

从之前深受影响的悲观主义身上越过，还要从基于真善美的歌德风格上越过。可以看出，歌德的影响在晚年尼采的身上所产生的作用尤甚，他们两人之间虽然在理念上存在着巨大的差异，却从另一个角度、另一个侧面让尼采坚定了下一个创作目标。歌德就像是一个博爱的天使，他总是正面和积极地去评价一切社会生活，也肯定理性社会的种种。歌德的贵族精神似乎和尼采处于相对的两极，歌德宽容地接受人类历史上的各种文化遗产，而尼采则总是用另一种态度来冷眼面对这一切。正是因为歌德的爱与容忍给了尼采信心，让他有了继续去进一步发挥，甚至超越其本质的认识论。夕阳无限好，只是近黄昏，尼采希望自己像落日时分的美丽而柔软的阳光，去普照世界的每一个角落，去洗涤人们那蒙上尘埃的灵魂。

于是，在这种精神的促进下，尼采在脑海中已经建构了《对更高价值的批判》和《欧洲的虚无主义》的写作构架。在那几年的时间里，尼采一直在无情地批判着世界上发生的一切事情，不管它们是对人类有益的还是无益的事情。他一直竭力追寻着的是那种新颖的理念发展，可是当时欧洲颓废的状态让思想的进程趋于停滞，这让尼采深为忧虑。他尽力地让自身抑制烦恼的心绪，静下心来思考所要批判的对象。他试问道："人民群众没有追寻真理和信念的自由吗？那本身就是人民自身的权利。因为人民才是主流的人类，文化也主要是这些人创造的。"因此，尼采认为应该对平民的诉求尽量宽容，他们才是社会真正的主人，国家要让平民懂得劳动的光荣，这样一来人人都乐于劳动了。尼采对于人口也有着自己的看法，他觉得减少人口是有益的，能够让当前的所有人都更为有力量。他说："让欧洲的人口得到减少是顺应历史潮流，是具有积极而正面的作用的，这里不是指资源压力的缓解，而是人在精神上会更为强大，在责任、自信和意志力上也会更上一个层次。"同时，尼采还不忘对过去的思想发展的进程进行一些反思和纠正，他给予之前曾批判和排斥过的某些对象以某种正面的肯定。这在《查拉图斯特拉如是说》中可以看到一些端倪："那些最为卑微的人应该得到希望，而不是一般认为的所谓信徒们。人道主义[①]的待遇适用于所有的卑微的个体，同样适用于可以让人民的需求得到满足的人。基督教仁爱的主旨是洒向一切逆境中的和忍受苦痛中的人的，用真正的爱去迎接那些无法规避的苦痛与虚弱，这是绝对有益处的。我确实无法否认基督教所带给我的精神世界的经验，我也绝不会做背弃它的事情。"从童年时代的宗教熏染，到成年之后的反叛，再到老年时期的重新皈依，尼采经历了一个抛物线式的宗教之路，到了人生的暮年，他最终将自己还给了他灵魂的摇篮。

在逐年累积的各种思想矛盾和冲突中纠结的尼采，晚年时候进入了十分焦虑的境地，他甚至都无法确认自己之前的努力是否一定是正确的。尼采不屈的精神在这个时候仍然在他的脑海里涌

①人道主义是源于欧洲文艺复兴时期的一种思想。提倡关怀人，尊重人，以人为中心的世界观，主张人格平等，互相尊重。

动着，他在身体已经无法避免地衰弱的境况下，仍然想要在灵魂上取得进步，在心灵上得到升华。比如，他陷入了对所谓卑微人民和上层精英的关于精神与层次的问题中来，他是否可以给那个概念上的伟大下一个准确定义，这是一直萦绕在尼采内心的问题，但是直到现在也无法解决。这让尼采感到绝望，他在给朋友的信里说：“我的一生也没经历过现在的这种艰难时刻，我感到自己眼前一片黑暗。但我还是要坚强地挺住，因为还有好多的事等着我去做。但是有一点可以肯定，音乐给了我越来越强大的力量，让我能够从之前沉湎于自我当中解脱出来，从一个更为超脱的高度上来审视自我。那种感觉是不可思议的，仿佛让自己在一个天然的境地里沐浴，假如没有这些音乐，那么生命也没有任何意义。”

尼采晚期的思绪的飘忽与矛盾可以从很多方面找到踪迹。我们知道尼采在其从军生涯之后，就一直对民族主义[①]带给人的低俗观念嗤之以鼻，他应该是一个民族主义的反对者。但是，在晚年的思想混杂情况下，为了找到某些理论上的支撑点，不得不又借用到了民族主义。尼采异常活跃的思维让他常常沿着两个不同的道路逆向行走，同时让他自身的思想遭到束缚，进入一种十分纠结的境地。一方面，他对未知的世界有着强烈的好奇心，因此也就会不断去对抗现有的价值观，并且冒险进入另一个不同的世界中，另一方面，他对于丰富的生命体验也有着较高的要求，因此他也在不停地寻找较为适合的领地。对于思想的支撑点和基础，

①民族主义，即指以自我民族的利益为基础而进行的思想或运动。

尼采之前有瓦格纳，现在有什么呢？民族主义也许是一个临时的委身之地，但也有可能不是。

尼采这时候的思绪还被一些世俗情感所牵绊着，他对于过去曾经被夺取过的爱情的权利记忆犹新，充满了愤恨，这个怨气的对象之一就是瓦格纳。尼采初次在瓦格纳的宅邸遇到柯西玛的时候，就被她的风姿所迷住了，她聪颖而美丽，对尼采温柔而照顾。而瓦格纳本来是个缺乏安全感的人，也是柯西玛给了他所希望的安全感。假如没有这个伴侣的话，瓦格纳估计也很难控制住自己容易激动的性格，他的作品也很难充满那种生动而逼真的格调。尼采也经常回忆自己和柯西玛相处的宝贵时光，柯西玛对他十分待见，愿意听取他的某些意见和建议，喜欢读他的作品，在和他聊天时也是开心而有活力的。尼采在晚年意识有些混乱的状态下，总在强迫自己相信柯西玛实际上是爱自己的，他们是有过爱情火花的，假如他们早点相识的话，柯西玛就会像帮助瓦格纳一样将尼采从深渊里拉出来。可以说，尼采甚至觉得是瓦格纳夺取了他本该拥有的幸福人生。

因此，不难想象，尼采晚年的时候，很多人认为他已经疯了，或者说时而清醒、时而疯魔，他无法像之前一样总是可以保持思考能力了。这样的尼采在某种程度上是可怕的，因为他可以将自己混沌状态中的某些想法在清醒的时候用异常清晰而犀利的语言表达出来，就像一个失控的核武器那样具有毁灭性。最后时期的作品里也显现出来某种复仇性，而且极为强烈，如《偶像的黄昏》

《瓦格纳事件》和《反基督教》。1888年7月，一位友人去拜访尼采，她注意到仅仅十个月没见，他身上已经出现了明显的变化，也许是当地有些阴冷的天气让尼采受到了较大影响，失眠让他的身心遭受打击。他在路上走路时是急匆匆的，几乎片刻不停，一回到屋子里就把灵感里的东西写出来。她见到尼采时，后者直截了当地提出了金钱的要求，原来他已经处于拮据度日的状况了，平时只能在最低的生活水平下生活，可以说已经是穷途末路。

但是，在他最后的日子里，他能够感觉到自己蜚声遐迩的日子就要到来了。各地有了一些关于他的哲学思想的讲座，他的某些作品也开始被翻译为多国语言，有些记者也开始采访他了。一个出版社为了再版尼采的作品提供了2000法郎的资金，尼采只得到了一半，这已经令他十分开心了，但这一切的到来似乎都有些晚。根据一些流传的说法，尼采常常在旅店里给人弹奏瓦格纳的作品，并告诉别人他认识瓦格纳。也许那个时候，尼采感受到了幸福和快乐的痕迹，而过往日子里的珍贵回忆就重新回到了他的脑海中，每个人都是乐于向他人分享其快乐的。尼采在《瞧，这个人》①里写道："我对曾经和瓦格纳有过亲密的过往而深感幸运，那时候我是快乐的。我永远不会忘记在那个宅邸里的日子，那时候我的思想也十分活跃。我不晓得对于他人来说，瓦格纳的形象到底如何，他在我心中曾是一个太阳。"那时候尼采寄宿在一个普通家庭的房间里，那个家庭还提供食物给他，他对《瞧，

①《瞧，这个人》是一部别开生面的自传作品，收入了尼采一生中所有的思想精髓。

这个人》的书稿进行了修改和完善，还增添附录一首小诗。他写信给加斯特说："我对这本书的每句话都细细考量了，这书把人性的历史划分成两部分，这也是此书最为强力之处。"他还给出版商写信道："这本书在德国发行的数量可千万不能超过1000册，因为这种严肃的书对于德国人来说不能发行过多。而在法国可以计划发行4万到8万册，我对此非常认真，绝对没有开玩笑。"

1889年1月，巴塞尔某个住所里的尼采的朋友收到了尼采写来的信，这封信的内容很长，但是它明显地透露了一个信息，那就是尼采已经疯魔了。信里可以说已经到了胡言乱语、全无逻辑的地步。几乎是同样的时段里，尼采的其他朋友也都收到了类似的信件，说明尼采在同一时间发出了很多信。其中，在给柯西玛的信里，尼采直接地说："我爱你。"他的朋友在旅馆看到了尼采，他正在用手肘弹琴，唱着激昂的颂歌。于是，他的朋友帮助尼采进入一所医院进行理疗，他的妈妈也跟着去了。尼采的病情一直处于时好时坏的状态里，有一次他看到一个人正在鞭打马匹，他就赶紧跑去抱住了马，然后便失去理智了。最后的十年时间里，尼采经常会对之前的生活进行一些回忆，也常常自言自语："我难道未曾写出过出色的文章来吗？"有时候，当他看到瓦格纳的画像时，他会告诉旁边的人："我十分爱这个人。"他妹妹陪着他的时候，有时候会为他的糟糕状态而哭泣，他会说："妹妹，为何哭呢，我们不是过得很好吗？"

尼采的理智纯然失去了以后，他的心灵仍是纯然而美丽的，又好像是个老顽童一样童心未泯。他在散步时看到一个可爱的小姑娘，就走近她怜爱地抚摸着她的头发，笑吟吟地望着她纯真无邪的脸说：“多美妙的一幅纯洁的画面啊！”1890 年，尼采的妈妈将其接回家乡照顾，而老人家则不幸地于 1897 年离开了人世，于是尼采便被妹妹接到了魏玛的家里来照料。尼采和他的妹妹伊丽莎白之间关系紧密，牵绊了一生，关于他们之间的故事也有着很多的版本和说法。但是，在学界比较能够达成共识的说法是，在尼采完全失去理智之后，伊丽莎白就独占了尼采的全部著作权，并且妄自对其作品进行各种增删和改编。而且，在尼采之前的个人生活上，伊丽莎白也有过一些干预，比如对尼采曾经追求过的一位女子横加阻挠，让有情人难成眷侣。最终，1900 年 8 月 25 日，尼采在魏玛的妹妹的家里结束了自己伟大的一生，他宁做萨提尔①也不做圣徒的叛逆精神也最终魂飘而散，他那不算长的生命一共持续了五十五年。

在一般人看来，尼采的颠沛流离的一生是极为不幸的。他从 4 岁的时候就失去了父爱，并且在身体上有着先天较为柔弱的缺憾。尽管他在青年时期曾经经历了普通人所没有的辉煌时刻，可是持续的时间并不长久，很快又因为身体和精神的原因而流离奔走于各地，居无定所。尼采是一个情感十分丰富的人，可惜造化弄人，他竟然连一次正常的恋爱都没有谈过，更别提经历结婚生孩子的人生乐趣了。没有任何对世俗享受的需求，他一生追求的

①萨提尔：希腊及罗马神话里半人半兽的森林之神。

都是对于绝对人性与精神的提升与促进，在这个过程中，或者说在他有限的生命历程中，尚无人能够真正理解他，这也反过来葬送了他自己。对于名誉和道德，生于宗教家庭、自认为有着高贵血脉传承的尼采是十分重视的，却被动地被后来的德国法西斯加以利用，无端背上了反人类的罪名。从这些方面来说，尼采确实是不幸的，他空有天赋异禀的头脑，一生不懈耕耘却没有看到开花结果的那一天，最后还被自己过于活跃的头脑所累，成了一名精神病患者。可是，从另一个角度来说，尼采又是幸福的，因为他的精神本身已经远远超脱了普通人的境界，就不能用普通人的幸福标准来对其加以衡量，世俗的享乐与所谓的家庭与荣耀的快乐，在尼采这里根本不值一提。他不止一次地要求人们不要用对待一般人的眼光来对待他，他还说："如果有人要求自己的生命都是基于幸福感的，那他实际上就还没有将自身提升到动物的层次之上，他和动物的区别只在于他清楚动物所不清楚而盲目追求的那种东西而已。"因此，在评判一个人的一生的时候，针对尼采一定要用差异的标准来衡量，实际上就是他究其一生都没有背离他所要去做的事情，无论是面对任何阻碍与失去任何可贵东西的威胁，都没有让他有丝毫后退，仅仅从他质朴和纯真地面对自己和世界这一点上来看，他的生命就非常有价值和意义。不要忘了，虽然他和瓦格纳的友情最终以失败而告终，可是，能够和这样一位在思想和精神上都如此契合且能够互相提供支持与启示的人为友，已经算得上是任何一个要不断去尝试突破和解放自我，不管结果如何，假如连这种努力的过程都没有过的话，等到我们和这个世界分离的时刻到来时，我们都会无比遗憾地发现自己根本没有真正活过！哲学可以让人变得深刻，学习哲学可以让人的生命体验更为美好；而尼采的哲学可以让人明白生命真正的价值，和尼采相遇确实是一件十分幸运的事。

点评：

尼采的晚年是凄凉而悲苦的，他于1889年的时候精神崩溃，从那时候起就再也没有恢复，很多本来和他关系不错的人纷纷离开了他。这也让他更深地陷入了对所谓高贵血统的迷信，并不幸地被法西斯利用。但是，在精神清醒的时候他仍然坚持创作，继续不屈地挑战着命运。幸运的是终究还是有一些忠实的朋友和他的家人一路陪伴他，让他在最后的日子里安然地走完了一生。

下篇　尼采的哲学思想

在西方哲学发展史上，尼采是不能被忽略的人物，也是富有争议的人物之一。因为观点和立场的不同，人们对他毁誉不一。另外，由于尼采的思想采取了独特、强劲、充满隐喻和矛盾，甚至是“疯癫”的独白形式，因而时常被他人误解，有人评价说：“尼采的生平和著作是近代文学史和思想史上受到严重曲解的现象。”那么，尼采的哲学思想究竟是怎样的呢？让我们走进下面内容，去认识一个不一样的尼采。

第一章　人要了解内心的真实诉求

从尼采异于常人的人生之路以及他非同一般的思想进程，可以一窥他独特的哲学研究思路。他的哲学没有纲领性的框架和系统，也没有实实在在的能够摸得着看得见的理论。尼采的作品与其说是严谨的学术论文，不如说是一本本充满了艺术气息的文学著作，那优美而富于韵律的文字很大程度上得益于他深厚的语言学功底和音乐修养。可以说哲学本身不是尼采的目的，他是将生命历程的感悟直接通过清晰而细致的语言表达到了自己的作品里，这有些背离西方传统的二元认识论的体系，更贴近于东方传统的关于物我两忘的生命体验的哲学。因为他思想的主题就是孜孜不倦地寻求生命本身的价值与意义，他虽然没有直接给出答案，没有告诉我们具体应该怎样去做，但我们可以直观地感受到尼采对于艺术的尊崇，也就是艺术给予生命的独特的美的价值。

生命在尼采的世界里就是个体的力量与强力意志[①]的实现主体，这里所谓的强力意志，也译为权力意志，并不是世俗的那种对权势的渴求，而是非理性的内在愿望，它肯定生命本身。尼采认为短暂的人生和无限的强力意志之间有一种充分的弥补作用，只要意识到了这种无限强大的力量并积极去激发它，就可以成为精神上的强者并实现生命的意义。虽然每个个体因为各种因素的影响而体现出不同的精神上的层次，因而产生了强者和弱者之分，

①强力意志就是生命意志，然而它所追求的不是生命自身的意志，而是使生命得以超越自身的潜在力量。

但是尼采的目的并不是要区分具体的差异，而是希望每个人都能正视自己内在的愿望和意志，要真正了解自己的内心，在超越自身的同时就已经实现了存在的价值。

《权力意志》这本书是尼采去世之后才在妹妹伊丽莎白的努力下最终编订出版的，尼采在书里阐述了自己最终所带给人类的希望，那就是要热爱自己的生命，要有着超越自身的愿望，才可以让无限的新的彼岸浮现。热爱自己的前提是要自重，也就是首先要符合人的基本道德标准，一个连普遍价值取向都不具备的人实际上也就是放纵自我和背离自我的人，对生命往往怀着一种满不在乎的态度，与这里所说的热爱这个关键词相距甚远。那么反过来说，一个已经懂得对生命充分珍惜和热爱的人，其内心仿佛加固了一层抵御腐化的堡垒，他会自觉地给自己提出更高的要求，从而自然而然地排斥和摒弃做任何恶劣的行为或者卑鄙的勾当。尼采在青年时期曾经尝试和身边的人以及社团建立社交关系，那个时候他就表现出对那些沉湎于世俗感官的享乐行为的厌恶和唾弃，最后他的本性无法继续勉强和欺骗自己，只能抽身出来独善其身。

尼采用自己的实际行动表现出了对自我意志的遵循和坚持，他肯定自己的内心诉求，不忘初心，这就是热爱自身的最基本的表现形式。事实上，尼采的一生从功利角度来讲是非常失败的，他的名声在他有生的日子里远远没有达到他所配得上的那个程度，而且饱受世人的质疑，甚至认为他不过是精神疯魔的患者。但是尼采能够透彻地分析和对待他所受到的不公的待遇以及被人误解的痛苦，他清楚地知道自己需要什么，不管是没有取得任何世俗的青睐或是未能获取任何的成就与地位，他都可以从容而淡定地去面对。原因就是，尼采真正地热爱自己的内心，他依靠强大的个体意志，摒弃和忽略外部因素的影响，做好自己，做一个堂堂正正的人就是他的本质愿望。

尼采在阐述热爱自身的理念的同时，也在十分勤勉地践行着。热爱自己的最直接的行为就是要充分开发和经历各种丰富多彩的生命体验，在这个过程中更为深入地认识和了解自己，这样才能明确自己到底需要什么，想要做什么，未来的发展之路是什么。尼采的一生就是在不断探索和追寻的一生，他的生命轨迹充满了不同的色彩，起起伏伏、时上时下，经历了快乐的巅峰和痛苦的深渊，而且尼采一直都在积极、努力地去面对和处理人生的各种变化和挑战。在学习上，他跳出了家庭传承的深厚影响，勇敢地从神学转到了语言学上，并最终投入到哲学的研究领域；在交友上，他跟自己所崇拜的、有着共同理想与观念的瓦格纳亲密无间地享受友情滋润的同时，也会在出现理念矛盾的时候毅然决然地和对方决裂，分道扬镳；在学术研究与创作上，尼采更是不断地调整其研究对象与视角，一旦发现背离了自己的初衷和思想基础，就很快地进行调整，他所不断寻求的真理，其实就是他真正的内心。可以看到，无论对待哪方面的事情，他既认真分析外部因素对他施加的各种影响，吸取其中精华的养料，还时时不忘反思和回顾自己的内心诉求。

这里所描述的不外乎就是自信的问题，人立于这世界的基础，就是首先肯定和接受自己，首先不能妄自菲薄、不能被表面意义上和形式上的不堪所击倒，这样才可能从内心的愿望出发去拓展自己的无限前景，而且内在地蓄积行动的动力将思想付诸行动，这样才有可能最终让人生变得更有意义。可是，在这个浮躁和复杂的世界里，人被激发出对于各种表面名利的追求和向往，为了实现这些价值就需要获取他人地正面评价，在得到认可后似乎就可以拥有强大的自信。但是这种评价和随之而来的所谓自信常常是虚妄的，别人带给我们的评价往往不是我们真实自我的体现，因为每个人做出评价时的角度、目的、标准和语言表达都是有十分明显的差异的，假如过于在乎和依赖于这些外部评价，就会极大地影响我们对自我的认知和判断，很可能让自己走上不适应自身特质的道路。

还有一些评价不是直接来自他人之口，是来自于某种社会约定俗成的制度。比如通过学习和考试取得某种学历与证书，通过工作的努力获得某种职称和领导位置，或是通过在某一领域的突出成就获取某种像桂冠诗人之类的美誉。这些东西从表面上看都十分诱人，很多人也都趋之若鹜地付出努力去争取它们，并获得成功的自信与快乐，这些努力与回报的因果本来没什么不对。可是从另一个视角来看，尼采认为人对这些虚名，如教授、博士、局长或部长的追求，已经在潜移默化之中剥夺了我们内心真实的需求，就像是被套上了笼头的马一样，被欲望牵引着盲目地奔跑，到头来不仅无法从精神上得到真正的满足，还会因为过度参与社会竞争、所谓的树大招风而引来众人的妒恨。

尼采的一生也难免被浮躁的外界纷扰所迷，他希望自己呕心沥血完成的著作得到世人的关注，这不能不说是一种希望得到评价的表现。但是尼采的特点就在于他总能够在心灵跑偏的时候及时进行自我反省，并重新回到属于自己的那条路上去。因此，人们了解内心过程的同时也是不断抵抗和排除外部扰乱与影响的过程，经常进行自我反思与考察总是有利的。但是，尼采也在其《曙光》[①]一文中对反思这种行为本身的产生倾向进行了分析和阐述，他认为人在疲劳的时候，比如工作了一天回家之后进行反省，反而会加重自己的负面情绪，在这样的低落情感的主导下，人往往会过于关注自身的缺点和不足，从而产生极端的自我指责并流露出愤恨与郁闷的情绪来，还可能殃及他人，这是起不到反省的正面效果的。当然，尼采并不是要大家把头埋在沙子里，不是要我们忽略自身的问题和缺点，尼采对于生命过程出现的任何谬误都不喜欢采取宽容的态度，而是要坚决地去应对和解决。因此反省本身不是问题，还要对自我反思的时段加以选择，疲劳的时候进行反省会让人的消极情绪更为凸显，所以应该让自己先充分地进行休息。

事实上，我们在志得意满或是开心惬意的时候是不会主动去反省什么的，我们认为一切都尽在掌握之中，而恰恰都会在失意和彷徨的时候反思自己的过往，这就陷入了一个恶性循环。在

---

①《曙光》是一部剖析现代人的精神苦难的力作。在这部作品里，尼采激烈地批评了过去众多时代的道德思想和道德状况。

这个当口，首先要做的就是采取一种有效的方式来舒缓自己的心情，因为坏情绪往往让我们的眼睛仿佛蒙上了一层纱，看什么都是灰色的、让人厌恶的，那么这时候无论做什么都不可能有好的效果。可是，具体什么样的手段才是好的呢？是去酒吧疯狂一下，还是去宗教里寻找答案，还是找个心理医生咨询一下，或是来一趟说走就走的旅行？其实，尼采在他的另一篇文章《漂泊者及其影子》①中给出了简单而质朴的答案，那就是要我们尽量规避在疲劳和消极状态下想得太多，只要饱餐一顿，爬上床去美美睡上一觉，等到精神重新焕发以后再仔细考虑自己的未来。确实，我相信很多人也曾经受到过自己长辈的类似安慰，告诉我们不用想太多，睡一觉就好了，可见尼采的哲学并不是表面上看上去的那么高深，它实际上就是生活的哲学，是和我们每个人的生命都息息相关的学问。经过验证，这是一个十分有效的方法，本来心烦意乱得不知道何去何从，睡个觉第二天就发现人生又美好了，世界也不那么可怕和艰险了。

上面所讲的是普遍的、通用的一种处理方式，但正如本节的题目一样，人人都有自己独特的个性，这样才有了解自己的必要，因为我们无法通过书本的学习照本宣科地给自己对号入座。这世界上的千千万万的人，也许有几个人是和你相似的，可是茫茫人海中我们很难有这么巧的际遇去和那几个人相识，也就谈不上拿谁做自己的参照。我们对自己的认识，按照尼采的说法，就是要像在陌生的地域里进行探险一样，要大胆而不懈地去进行探索。

---

①《漂泊者及其影子》取自尼采的《人性的，太人性的》第二个也是最后一个补遗。

一旦找到了自己的真实优势所在，也就可以顺势锁定自己适合去追寻的目标，并且投入全部的努力去践行之，就像尼采从宗教的神学跳出，去能够打磨智慧的语言学上进行磨炼，最终回归到本性所擅长的哲学殿堂，这条路是尼采的成功之路，也是所有人可以借鉴的一条路。很多还处于彷徨中的年轻人，其实就是没有主动去挖掘真实的自己，如果连自我真实的特质、真实的需要和真实的可能性都无法确定的话，那么这个人就很难在追求其生命价值和意义的路上顺利前行。当然在认识自己的过程中，也不是说要完全埋头苦思，适当地参考他人的意见或者建议，常常能起到一些帮助作用，但万万不可像前述的那样被别人的评价牵着鼻子走，那就非常容易迷失自我。

但是，就像尼采所经历过的那样，一个人即便了解自己的内心，也往往会因为各种外部因素的干扰而走向和内心相背离的路子。而尼采之所以能够每次都十分迅速地扭转自己偏移的轨道，很快返回正规，和他强大的自制力和自律[①]精神不无关系。但是，我们可不能仅仅从尼采的看上去自然而然的自律性就认为这是一件轻松的事情，其实自制不是简简单单就可以做到的，它需要内心强大的动力来克服外力的干扰。那是因为，虽然我们有自己的初心，可是人性的普遍规律也扎根在我们身体里，在纷繁复杂的社会洪流中，很多人都把持不住外界的诱惑力而误入歧途。因而，自律不是说说而已的东西，对它践行的难度要比从嘴里说出来的

①自律是指在没有人现场监督的情况下，通过自己要求自己变被动为主动，自觉地遵循法度，拿它来约束自己的一言一行。也指不受外界约束和情感支配，根据自己善良意志的规律而行事的道德原则。

大十倍，如果说得更形象一些，那就是为了获得自制力，人是需要和内心的魔鬼进行殊死搏斗的。但是，也不是没有技巧可以运用的，尼采给了我们一个十分简单的手段，那就是从身边的小事、从一点一滴中做起，慢慢养成自律的习惯，时间长了以后就可以形成牢不可破的堡垒，再也不怕外部因素的干扰了。了解自己和控制自己是一对相辅相成、互为因果的概念，了解了也知道如何去控制，在控制的过程中又会进一步加深对自身的认识，最终真正成为自己生命的主人。

有人问，说了这么半天，到底如何才能有效地了解自身呢？方法和途径当然是不一而足的，或者说了解自身的特点也要根据自身特点来进行。这听起来似乎有些拗口，但却是事实。因为如前所述，每个人都有十分独特的个性与特征，很难去照搬别人的模式和经验。如果想要验证这一点，那我们不妨去翻阅那些汗牛充栋的名人回忆录，就会发现每个人都是大相径庭的，而且差异并不根源于他们的经历，而是他们在面对和处理各种问题时所体现出的独到的个性，也就是说，他们和我们每个人都不一样。那么到底如何发现真正的自我，尼采在《偶像的黄昏》里谈到了这个问题，其实线索也很简单，那就是多问自己几个为什么，你要问问自己到底想要什么，你要问问自己想去往何方，什么是你最为热爱的东西，什么能够让你内心得到满足，什么可以让心灵得到充盈？当你明确了自己生命的愿望和诉求，那么之后的路也就尽皆展现在了你的面前，下一步要做的就是按部就班、一往无前地一步步向前走，不用怀有任何的迟疑。

在对自己展开试问的过程中，有可能我们会发现一个不是很令自身感到满意和理想的自己，你可能会发现原本真正适合自己的事情和之前所想象的完全不一致，可能会受到一定的冲击。但是，无论多么不情愿，至少要对自己保持一个诚实的态度，认真地接受自己真正喜欢的东西和真正想要的东西。换句话说，人真诚地对待自己是诚心待人的基础，假如连诚实对待自己都做不到，又怎么能够拿出真实的一面来示人呢？连真实都无法做到的人，也谈不上爱和被爱的权利了。

尼采不止一次在重新审视自己的过程中，发现自己之前的某些行为是多么可笑，自己曾经确信无疑的事情其实是海市蜃楼，但他从来没有自责，或是对浪费的时间表示过惋惜，因为他知道这些都是必经之路，因为每个人在认识自己的过程中都要经历曲折而蜿蜒的过程，没有前面所走过的弯路和跋涉过的崎岖之路，就不会有后来的真正彻悟。因此，我们在发现自己犯过错误、浪费了很多精力的时候，千万不要郁闷和自责，因为你之前的那些路在当时那个认知环境下是必然要去走的，那些过程就像是一个个楼梯，没有前面的一阶阶的攀登，就无法到达最高的层次。只不过，我们要分清我们人生各个阶段所要到达的层次，不沉湎于过往的经历成就，去继续向更高的层次努力，这样才能让生命不断体验新的东西，实现生命的意义和价值。

但是，人毕竟是社会的，我们无法将自己完全束缚在自我的天地里，仅仅做冥想和顿悟，人和人总要一起沟通和交流，在互相支持和帮助的协作关系下共同前进。因此，我们在了解和发掘自身特点的时候，切勿陷在个人主义的小圈子里，而是要广泛和他人互相借鉴与学习，在相互的支持下得到总体的提升。这时候就牵扯一个沟通交流中要注意的问题，往往人们总喜欢以自己为中心，希望人们把目光都集中在自己身上，很多人使用各种哗众取宠的手段来吸引大家的注意力，开心地自以为成了世界的主角，可是，这只是虚妄的自欺欺人而已。因为既然每个人都把注意力放在自己身上，那也就无所谓主角与观众了。事实上每个人都是自己的主角，任何试图去表现自己的人也不过是自我娱乐的小丑。纵观人类的历史，很多人都尝试用各种极端的方式来吸引他人的注目，比如权力与智慧，可是他们最终在别人心里也占不到什么位置，这是人的本性决定的。因此，我们不如去做一个聆听者，去满足别人的愿望，在这个行为里，我们事实上也完成了自我的超越，在一个更高的精神层面上，我们可以更为综合而清晰地认识自己、了解自己。

尼采的一生充满了精彩，他走的时候没有留下任何财产，可是我们能说他的生命是没有价值的吗？正相反，人在做某件事的时候，真正从这件事情上收获的东西不是那些直观的利益，而是你在做这件事本身所得到的体验。尼采的一生无时无刻不在追寻新的思想、尝试新鲜的事物，可以说他的生命本身就是一笔巨大财富，他真正地实现了自己生命价值的最大化。我们在做自己的时候，不妨以尼采的言行作为我们的借鉴，只需要放开那些世俗的羁绊，轻松去寻找可以丰富和充实自身的东西就可以了，因为我们的生命本身才是财富的真正载体，也是唯一的体现方式，我们生命体验的过程其实就是在一点一滴积累财富的过程，而生命的结束也不代表财富的消亡，而只是一种完结，生命的过程本身已经实现了全部财富的价值。

点评：

尼采的权力意志体现了对于非理性的内在愿望，他对生命本身是非常肯定的。尼采也用自己的实际行动表现出了对自我意志的遵循和坚持，他对自我内心的诉求持肯定态度，不忘初心，这是一种热爱自身最基本的形式。但是，读者需要明确的一点是：尼采的唯意志论宣扬的是意志高于理性，公开拒绝科学，是需要批判地去阅读和分析的。同时，了解自己的内心和实现自我价值是一个相辅相成、互为因果的过程，需要人去积极主动地为自身创造提升和超越的机会，实现人生的意义。

第二章　看破表象的必然要求

看破表象[①]的典型表现是尼采在他的旷世名著《查拉图斯特拉如是说》中提出的上帝已死的思想，这种概念仅看其字面就足够让人震撼，尤其是在基督教氛围十分厚重的欧洲，他的这一疯狂的名言无疑像一声惊雷，开启了一个思想的新时代。《查拉图

①表象是指基于知觉在头脑内形成的感性形象，包括记忆表象和想象表象，前者指感知过的事物不在面前而在脑中再现出来的该事物的形象。

斯特拉如是说》的基本内涵就是包含了上帝已死观念的永恒轮回说，尼采认为时间无休止地延续着，根本和上帝意志无关，它把某种事物从一个时间段带入另一个时间段，并且还是沿原始轨道回转而来。在无限的时间延续过程中，一个个体总是会有与其十分相似的另一个个体重复其完全相同的事件，而再将这个无限放眼到无穷，这种重复就是可以想象的无数次。这也就变相证明了压根没有所谓的天堂和来世，人应该重视现世的生命，人的价值都在今生的过程中，其每一分每一秒都是十分值得珍惜的，因为对于我们自己的个体来说，它只有一次。

上帝死了的自身概念其实不是这里要讨论的重点，我们只是从这个概念引申出一个内涵，那就是我们要积极地去打破我们观念里的刻板印象，将所有对象的表象都揭开，把蒙在心灵之上的那层纱揭开。只有打破了现存的僵化的认识，看破一切虚妄的表象，才有可能超越自我，让一切价值得到重新估量。在这个前提下，我们才能够拥有一个独立于纷乱世界的、更为客观的内心，从而真正地体验到生命的快乐与力量。

人类有一种内在的生存意志①，它普遍存在于世界上的每一个人，甚至每一个生物体身上。这种意志无关乎善与恶的价值，只是与生俱来地希望把个体保存，让整个种族得以延续。这个意志是来源于人的本质，它也不是所谓的对这个种族的深沉的爱，而是一种近乎无情而冷酷的、根深蒂固的本能。要想证明这个本

①生存意志：宇宙万物的本质是生存下去的欲望，生存包含两个意思：“饮食”是为个体的生存，“男女”是为种族的生存。

质普遍存在于每个人身上，是很容易的，我们周围有形形色色的人，他们可以按照社会道德标准划分为善良的和中性的，以及那些极端邪恶的人。但是我们只要稍稍考量一下这些人对待种族延续这件事的态度，就会发现他们都惊人相似地支持和保护这个种族的延续，这从他们无一例外地选择生育就可以看出来。

这个世界并不是一个僵化的整体，也不是虚无的零，而是由亿万个个体共同组成的，它有着总体的共性，但更多体现的是无数个个体的独特特征。伦理道德作为普遍的社会标准与要求，是无法适应所有个体的特点的，它也是一种僵化而刻板的和自然法则相冲突的概念，甚至是人类的大敌。可是那些为了某种利益或是统治者的要求而发明各种自以为是的偏执伦理的人，是不会管什么自然与真理的，他们只会居心叵测地向世人宣称着自己道貌岸然的发现，并阴森地发出奸笑声。人们生来就有追寻生命价值和意义的欲望，有着旺盛的生命意志，但是那些伦理家的看上去善意的伦理事实上会限制和约束这些本源而自然的人性。

人们要看破表象的世界，要挖掘内心真正的快乐之源，明白生命真正要追寻的其实就是快乐，而不是人类为社会所架构起来的那种表象上的荣华富贵，那是处于我们生命之外的奇特物质。尼采希望大家为了自己的心灵而愉快和开心起来，就算是那些看起来不起眼的小事情，也是可以取得另类的快乐的，这有些像当下我们所钟爱的小确幸情怀。这是因为尼采用切身的经历体会到身心的状态对于个体的发展是有多么巨大的影响，在身体上可以让生理更为和谐，在心理上能够让脑子更为灵光。从这点上来看，尼采的看破表象不是要深刻而严肃地深入事物的内核，而是要风轻云淡地回归事物的原初，返璞归真。他希望人们回归天然的本性中去，就像孩子那样克服羞怯，拒绝忍受，不假装矜持，而且要发自内心地去笑、畅快地笑。尼采推己及人，从自己真实的生活感受中悟到了心情和情绪的本质效果，只要是身处愉快的境遇中，眼里看什么都是美好的，自然而然就不会对周围产生愤恨不满的看法，还能够进一步用自身的光照来温暖身边的人。

尼采对于本真的热爱很大一部分来自那些心灵被灰尘蒙蔽的人的言行所带来的强烈对比，这种感受大抵来自他人不负责任地对其作品和思想所妄下的评论。这些人仿佛是死猪不怕开水烫一样顽固不化，他们已经被表象遮住了双眼，因为你即使做出任何辩驳也不会起到丝毫作用，对方已经到了无法分辨是非的程度，实在让人感到气愤和鄙视。尤其让人痛心的是，就算是很多天生聪慧或是血统高贵的人，也十分容易陷入那种自以为是的可鄙态度中去。这样看来，保持通透而原初的心灵，不被这世界的表象所欺瞒，也确实不是一件容易做到的事情。

在尼采的眼中，人最可贵的本质不是道德家鼓吹的善良或其他美德，也不是贵族气质的所谓优雅，甚至也不是天赋异禀的才能。尼采没有把这些放在最重要的位置，而唯独最看重人对待真理的态度，看这个人是否愿意直面那不堪的真实，也就是这个人能够客观地面对信仰与判断这个基本问题，即可以对其有一个高下的评定。尼采身处一个宗教氛围非常浓重的家庭，但他敢于跳出那种根深蒂固的羁绊去寻找真理，而那些整日标榜信仰与虔诚的人，他们那虚伪的真理观实在令人厌弃，因为他们的那些僵化、教条而又千篇一律的箴言，和真实世界的各种不确定性以及不可知的事实之间有着明显的矛盾之处，而偏偏这些人看到了问题却满不在乎地忽略它们，甚至还故意显出自己的大度量欣然接受他人的质疑，这种道貌岸然的闭塞视听，只能让人为之无可奈何地叹息。尼采对待真理的忠诚态度，和坚决要看破表象回归本真世界的坚定，都可以从他的言论中看出："冲破自身的固定思维确实是一条不归路，它充满了孤独与绝望，而且他寻求的也不一定是什么美好的家园，对于一个探索的人来说，探索真理本身就是最大的价值，即便那最终的真理显现出恐怖与邪恶也在所不辞。"

尼采从小受到祖母的言传身教，树立了对于家族高贵血统的自豪与骄傲的信念，这是推动他不断开拓进取的强大动力，其本身有着正面而积极的精神作用。但这也让尼采流露出了一些贵族后裔对待劳动人民的轻视，比如他认为底层人民总是对上层人士有一种阳奉阴违的不屑一顾，这些人对贵族的态度从来都是不信任的，认为贵族的所谓高深思想不过是些可笑的观念，底层人民只对看得见的利益感兴趣。在这里不讨论尼采的贵族本位主义思想的是非曲直，单说他看到的很多人随意而不负责任地关闭自身认识真理的窗户，这确实是令人为之惋惜的。这像极了我们当下社会的一些功利主义思想，认为读书没有用，认为赚到钱才是实实在在的事情，这不就是尼采所鞭笞的自以为是的聪明吗？看破社会的表象，其实就是要我们回归自然的人，对于社会的虚名浮利有更为客观而理性的认识，看破表象的人懂得生命真正的价值和意义，实际上就是生命过程的精彩体验，而不是感官上的低级满足。

事实上，尼采对于高贵与卑贱的划分，并不是完全按照阶级与身份的标准来进行的，他主要依据的是精神境界上的差异。尼采刚进入波恩大学的时候，为了维持基本的社交而选择进入社团，后来却因为忍受不了其中的低俗生活习气而退出。他认为越是高贵的人其自利的心理就会越少一些，这是因为他们更富有自我牺牲的精神，为了崇高的信念可以冲动地抛弃一切世俗利益的羁绊。这又有点像低等动物在保护幼子时所表现出的高等动物的精神层次，可以为了孩子牺牲自己的生命，这和尼采眼中高贵的人的灵魂是如出一辙的。于是，被表象所迷的卑贱者无法理解高贵者的所作所为，并且倾向于随意对后者做出可笑的评价，卑贱者认为高贵者连理智都没有了，只是疯子一样的人而已。可是，他们所迷失的，正是忘记了去观照生命的价值问题，他们被身体和躯壳所控制，认为肉体的满足要高于精神的追求，因此，爱在他们身上体现的比例就少一些，他们最看重的还是表象上的自利。尼采希望人们都可以向着高贵者的标准看齐，跳出表象上的虚妄追求，去探索更为深刻而高尚的精神领域，并最终回归人的自然本源的状态。

尼采同时还强调了一点，那就是高贵者其实和卑贱者在人的本质上都是相同的，对于追求美好生活的信仰与价值观也是如出一辙，区别主要在于看问题的视角和关注点上。他在《善恶的彼岸》[①]中阐述高贵者往往喜欢将精力投入到那些没有实际目的的事物上去，这些关注点往往让人看上去觉得莫名其妙、异乎寻常，实际上却具有康德所说的无目的的合目的性，做这些事所体现出的价值与意义，所表达出的美感，是卑贱者的被蒙上灰尘的心灵无法去认识的。卑贱者觉得这些精神有问题的高贵者尽是做一些让人无法理解而且不务实的事情，事实上，高贵者将自己束之高阁，不是为了显示自己的独特，而是真实地热衷于内在激情所专注的事情，在看破了表象的基础上寻求着生命本质的快乐，在这种坚定的信念指引下，一往无前地努力和奋斗着。

尼采的打破表象的观念是一个运动的概念，表象下面的真理不是静态的，而是需要人类不断去探索和发展的，这个和马克思[②]所说的对客观真理的探索是一个无限接近的过程如出一辙。那么，历史的发展总是在新事物克服旧事物存在的阻力中崭露头角，因为人在一种模式和环境中适应了以后就会产生一种惰性和习惯，认为当下稳定的状况就是最好的，冒险去寻找新的生存模式无疑是对自身既得利益的挑战。那么，能够促进人类社会冲破阻力向前发展的任何力量，都是有益的，可是恶的力量能不能成为另类的推动力量呢？于是，这就自然引出了什么是好的什么是

①《善恶的彼岸》的写作有两个目的，一是解释阐述《查拉图斯特拉如是说》，二是为他写作最伟大、最重要的著作《强力意志》做准备。

②马克思：著名德国的思想家、政治学家、哲学家、经济学家、革命理论家、历史学家和社会学家。

坏的这个是非标准的问题，比如在英国，对于善恶的区分就是某事物是否有利于保护人类。在尼采看来，善的东西可以保护人类，可是却像溺爱孩子一样地阻碍其成长和自立，而恶的事物诚然对人类会有痛苦的作用，但是却可以极大地刺激人类整体步伐的前进，最终起到了和善的事物一样的效果，只是中间的过程和形式有差异而已。在这里，尼采又一次表达了他心甘情愿直面痛苦的豁达心态，在他的认识中，痛苦既不可能避免，又有着它独特的对生命产生促进与激发作用的价值与意义。

看破表象不仅是一种纯粹靠意识引导的行为，它还需要我们进行深刻而沉静的冥想。但是，和古希腊崇尚智慧与思考的人文风气不同，尼采时代的德国弥漫着较强的功利与市侩气息，就连崇高的瓦格纳也不能逃脱其熏染。人们嘲笑冥想的人，而一些故作姿态的所谓智者倒是颇受大家喜欢，总之，那种高尚的冥想之风已经消失殆尽了。尼采提出了要将思考养成一种自然而然的习惯，不管是在行走的时候，还是在漫长的旅途中，或者是在做某些事情的间隙，我们可以让身体稍做休息，思维却可以飘向更远的地方，它不受时间和空间的约束，可以任意驰骋。当人总是在思考的状态下的时候，他的思想必然是在持续发展着的，而且，如果头脑足够专注某件事的时候，时间仿佛对他来说都停止了，周围的事情也都忘记了。这就是思维跳出了躯壳的框架、冲破了固定约束的表现，这对于我们看破事物的表象有着十分关键的效果。

但是，要求人们看破表象去追寻自我的内心，要首先承认每个个体的差异，正是因为有差异的存在，才要求人们透过表象的世界来寻求心灵真正的需要。差异也决定了每个人的个性和生活习惯都是不同的，有的人像尼采那样喜欢探索危险的领域，喜欢向着未知的地方勇敢前行，而有的人则畏首畏尾或是裹足不前，宁愿过一种独善其身的安稳日子。对于有尊严、有意志力的人来说，他也只会尊敬和他同等高贵的对手，只有针对他认为值得全力以赴去面对的对手，他才会用心去战斗，以表示其尊重与崇敬。可能有些人也会有着较为心胸开阔的内心，对于那些懦弱而无力的人会给予更多宽容和同情。尼采似乎并不同意这种委曲求全的做法，他把这种怜悯之心比喻为轻浮的小女人的心理。

尼采异常活跃的思维让他常常沿着两个不同的道路逆向行走，同时让他自身的思想同时得到不同领域的发展，进入一种非常有效率的状态。他直面痛苦，接受苦难的洗礼，在痛苦中寻找相对的快乐。这种快乐观念实际上和古希腊的思想家伊壁鸠鲁[①]所提出的满足的概念不谋而合，因为痛苦和快乐不完全是一种两极化的对象，它们之间事实上是相对的，一个人感觉到的痛苦，在一个感受更大痛苦的人那里，可能就是一种相对的快乐。因此，满足在这里指的是乐享当下的状态，在自己力所能及的范围内给自己营造尽量舒适的生活空间，有三五朋友，能吃得上喜欢的食物就已经足够了。有时候人和人之间互相赠与予快乐，可能要比

①伊壁鸠鲁：古希腊哲学家、无神论者（被认为是西方第一个无神论哲学家），伊壁鸠鲁学派的创始人。

各自寻找的快乐更有效果，它不光能让快乐本身得到成倍的放大，还让赠予的过程也变为一种享受。如果每个人都能够这样做的话，那么这个死气沉沉的世界就能够极大地得到改变，这是比躲在角落里念祈祷文更为实际有效的祈祷。

将自己能够给予世界的快乐无私地奉献出来，同时需要做到的就是尽量不把自己的快乐建立在别人的身上。尼采在一生的学术生涯里受到过很多无端的批判和攻击，有些甚至是某些人为了泄私愤所进行的一种恶劣行径。因此，尼采在《权力意志》里也告诫芸芸众生，在自我得到欢乐的时候，有没有回想一下这些快乐是否妨碍和侮辱到其他人，是否是建立在他人痛苦之上的快乐，是否是一种自私而伤人的快乐，如果是的话，那这种快乐其实只是一种虚妄的快乐，是不值得去开心和愉悦的。

尼采重视个体内在的醒悟和发展，重视在看破表象的基础上积极开发生命的价值，这常常给人一种更为独立而封闭的印象。实际上并非如此，尼采的个体进化与社会交往并不矛盾，从得到叔本华的启示开始，他就把这位永不能谋面的导师视为知己，之后同瓦格纳建立了伟大的友谊，尽管结局并不美丽。可是，纵观尼采的一生，他有着很多忠诚的朋友，这与他积极的交友态度不无关系，只不过他对自己的择友标准较为苛刻，就给人一种拒人于千里之外之感。如果没有朋友的帮助，如果他不去给予朋友协助，那么也很难能达成最终的伟大成就。在《人性的，太人性的》里，他写道："人总是需要他人的陪伴，纵使不能够一块儿开心和微笑，就算是一起沉默着也是一件快事。和知己一起经历世间的事情，分享喜怒哀乐，应该没有比那更为美好的事情了。”

在关于如何看破表象的问题上，尼采也提到了关于学习过程和特征的问题。简单说来大部分学习者往往倾向于五分钟热度，喜新厌旧、浅尝辄止。但是尼采并没有批判这种不负责任的学习态度，他只是剖析学习的动力来源。对于某种学科的刚刚入门的初学者，他们总是怀着浓厚的兴趣去学习和消化，刚开始的阶段总是充满了乐趣与快乐。比如说学习一门语言，学到了高级别的学生，反而没有只会几个单词的学生所体验的快乐多。但是在揭露了问题之后，尼采也严肃地表示，想要去揭示任何问题的表象而看到本质，都需要艰苦卓绝的学习与努力，仅仅靠那种新鲜感是无法达成的。

回到问题的初始上来，尼采所谓的看破表象不是看破红尘放弃追求，而是要回归人本源的生命意义，在永恒轮回的壮美中珍惜此生，而不是幻想那天国[①]与来世。因此，尼采建议人们要享受现世的每一分每一秒，从当下活起，把社会表象给人带来的烦恼抛开。看破表象，就是要看破尘世的利欲和浮名，不让它的纷扰影响心灵纯然的欢快，因为一个人的烦恼与情绪就会让整个家庭都陷入抑郁的气氛里，这对于工作空间和任何社交空间都是这样，情绪的传染效果是非常强烈的。

点评：

看破表象的典型表现是尼采提出的上帝已死的惊世思想，在

①在亚伯拉罕诸教包括犹太教、基督教等宗教中称一切服从上帝的无形的人类社会为天国。

基督教体系已被瓦解的现今，早就该将那种表象化的宗教教义捅破了。引申开来，就要求我们积极地去打破我们观念里的刻板印象，揭开所有对象的表象，揭开心灵之上蒙着的那层纱。当人们透过现象认识到了真理，那才是获得了实现人生命本身价值的基础。

第三章　在不断前进中锤炼心智

尼采是集合了语言学与哲学之大成的综合型学者，他的作品也兼具了文字本身的美和思想的深刻，因此表面上给人一种十分玄奥难懂的印象，看不了几行就容易让人产生放弃的想法。其实这只是因为我们没有拿出正确的心理态度来进行阅读的结果，尼采也十分清楚人们对于他的作品形式非常不习惯，他希望大家都能有“一嘴的好牙和一个健硕的胃”，这样才能有充分的消化能力来真正吸收他思想的精髓和营养。这里的消化能力，不光是以纯粹脑力智慧为基础，还十分考验一个人的心智。因此，要想读懂尼采，就一定要先打磨自身的心智，让整体的思维能力提升，从而升级到和尼采的思想同一个轨道上去。

对于个体的心智成长，尼采在《漂泊者及其影子》里提出了他的见解。他将人生的经历比喻成旅行，每个人在旅行中的侧重点都是不一样的，有些人仅仅是把四处云游的过程作为一种目的，以到此一游为满足的标准，有的人则喜欢沿途购买一些纪念品来作为留念，有的人把考察当地文化风情作为主要乐趣，而有些人更为憧憬旅途中的邂逅，真正有心的人会将旅途的整体收获运用到自己将来的生活中，让那种经验和心得充分发挥它的效用。尼采看重的正是最后一种人，因为生命的历程是相对短暂的，甚至是一晃而过的，没有那么多时间让我们一而再再而三地重复过往的教训和问题。对于经历过了的事情，最好牢记经验于心，勿让其变成走马观花的过场，因为那无异于是对生命过程的轻率浪费。只有那些有心的人，在心智上更为成熟的人，才会留心身边的点点滴滴，并把过程归纳成规律牢记于心，这些在人生旅途中不断学习和充实自我的人，不断锤炼自身心智的人，也有可能让生命的价值更充分地显现。

尼采注重生命的力量和生机，他认为真正善的东西就是能够为我们的人生注入活力和生机的事物，真正有益的东西也就是可以给我们的生命赋予正能量的事物。但是，表面上的活力并不一定是真正有活力的，看起来充满正能量的也不一定就是能够赋予我们正能量的。善恶在尼采这里被重新进行了估量和定义，就拿书本来说，以死亡为主题的书籍也能够给人的精神注入活力，而讲述生命的书籍也有可能让人的生命更为退化。这里的标准，仍是尼采一直尊崇和奉行的创造力，即权力意志所要求的统治一切事物并征服所有障碍的宇宙本源的动力。因而，不管是每个个体的言语还是行为，只要是能够给他人带来活力与正能量的就是善的、有益的和良性的。只有充满了权力意志气息的人，拥有着冲破阻碍而前进活力的人，才能够像太阳一样不断给身边的人带去好影响。

在磨炼心智的征途上奋进的时候，也就是我们行进在人生的跋涉之途的时候，往往无法集中注意力做我们计划好了的，或者是决定要去执行的事情，总是会在旅途中被五彩缤纷的外部信息所扰乱，有时候是被一些诱惑所吸引而偏移了轨道，有时候是被某些阻碍打击而丧失信心就此半途而废。针对这样的问题，尼采专门在《快乐的知识》里告诫我们，人生的最大瓶颈和制约就是我们的时间，人的精神再强大，身体也是弱不禁风的，这也是尼采的切身体会。因此死亡似乎可以在任何时候光临某一个个体，也许风平浪静的时刻就会突然出现在我们的跟前，我们要做的就是珍惜现实拥有的时间，把能够把握的时间把握好。正是因为人的时间的有限性和精力的有限性，让我们不得不将自己的注意力集中在有限的事情上面，而且还要甘于舍弃一部分东西。尼采是这样安慰还没有给自己的航程设定清晰目标的人的：没必要为眼前的茫茫大海而忧虑和烦恼，你只需要听从自己的内心设定一个大致的方向，然后坚定地朝着那个方向迈进，那么在你行进的过程中就会慢慢给自己的真实选择描清楚轮廓，那些遮挡着真实客体的枝枝蔓蔓也都会自然而然地被剥离开，显现出它的真正面貌。可以这么说，清晰的目标和坚定的步子是互为因果、相辅相成的，有了目标才会前进，坚毅地行进才能显现更为清晰的目标。总之，人生就是在不断地前进和调整中度过，而心智也正是在这个过程中逐渐成熟。

所以说，磨炼心智的最基本行为就是要保持自己一直在路上，一直向着更高的层次迈进，从卑微者向着崇高者迈进。尼采最痛恨裹足不前的平庸者，他把这类人划分为他所谓的卑鄙者，他们的眼光狭隘，只喜欢盯着实际的利益，对于精神上的进步没有丝毫的想法。尼采认为这种只图安生过日子的人就喜欢随波逐流、人云亦云，只要能够独善其身、吃饱喝足就万事大吉。这种没有精神追求的人是尼采所不齿的，也更谈不上对其心智磨炼上有什么指望。可以看出，想要让自己的内心强大起来，拒绝平庸是我们必须保持的观念，只有在不断向上拼搏的过程中，才能让我们的意志和心智得到最大程度的锻炼，让生命的意义得到最大幅度的表达。

尼采的一生见证了他自身思想的不断调整与革新，我们从他成长的历史可以看到，凭借着天赋异禀而少年成才的尼采，无论在哪一个阶段所提出的观念、所撰写的文章，都有着非凡的洞察性与创造力，而难就难在，他总能在下一个时期勇敢地跳出之前构建的严密框架，重新提出更有启迪性的思想，让人感觉应接不暇，难怪后期的尼采已经鲜有观众，这和他诸多的观念之间有自相矛盾之嫌不无关系。就像尼采自己说的，他的观众必须要有良好的牙口和胃口，否则很难接受和消化他的如此多思潮混合在一起的综合表达。当然，尼采的意图不是为了显示自己思想架构的繁盛，而是想要告诉人们一个真理，那就是不愿意蜕皮的蛇只有僵死这一条路。同样，总是守着僵化教条不放的人，不愿意更新自己思想的人，也只会慢慢地腐烂过期，就像鲁迅所说的，有的人活着其实已经死了。磨炼心智最重要的就是不断让自己的思维蜕变和革新，并不断成长，最终才能实现个体的脱胎换骨。

不断前进除了是实现生命价值的途径以外，还是暂时规避痛苦的有效方法。尽管痛苦是无法避免的，但却是可以最小化的，痛苦作用于我们身上的效应，取决于我们对它的感受，而感受到的程度大小其实和我们的注意力所在关系紧密。尼采在《人性的，太人性的》里就阐述过关于对痛苦的规避，他选取了我们人生过程中十分重要的因素——工作，以此来进行分析。他认为人投入工作里可以很大程度地吸引其关注点和注意力，可以省去很多虚妄的想法，抵制很多外界的诱惑，这是工作的益处之一。人生过程中会无可避免地遇到很多痛苦，比如日常生活的艰辛就是其中之一，我们无法躲开它，却可以尽可能地忽略它、不去注意它，把我们的精力都投入工作里，就可以有效地让那种压力重重的感觉释放好多。这虽然只是一个暂时性的手段，可是总比硬生生地去承受那苦难要强多了，就算是勇敢地承受了苦难，也未必就有什么转机，只是白白地当了一回受难英雄，让身心多受了点伤而已。尼采的这个建议对于我们当下的生活确实是有着现实的指导意义，现时代生活节奏太快，人们承受着各个方面的压力，在无法避免这些折磨时，假如我们适当地转换一下注意力，让思维集中到我们应该做的事情上去，不光可以少感受一些痛苦，还能够让我们生命的进程不至于受到影响，全速起航。

在我们人生的漫漫航程上，在我们锤炼心智的巍巍征途上，我们常常需要制订一些长期的或者短期的计划。计划其实一部分就是我们的内心愿望，在和现实的外部因素进行综合后所描绘出的路线图。比如，想要去计划一次心仪已久的旅行，计划和另一半成家的设想，计划未来居所的选址和设计等。既然计划是人的一种愿望，也就是一种美好的畅想与寄望，那么它的后期执行就会有完成与未完成的可能。因此，通常来讲计划只是万里长征的第一步，计划再美好，假如没有坚定而有毅力的执行过程的话，就无法实现那心中的理想，只能成为虚幻的海市蜃楼或是为他人做嫁衣。但是，计划和执行也不是简单的因果关系，不是有了计划就一定有美好的结果的，尼采在他的《杂乱无章的观点和箴言》[①] 里告诉我们，计划得再好，执行的过程也并不会一帆风顺，事与愿违是这个世界的常态。过程里总是会出现很多的阻力和障碍，包括各种出乎意料的困难。在打击面前，很多之前的美好憧憬都会被无情的现实击垮，而我们的选择只有两个，要不继续迎难而上，要不就是灰溜溜地放弃。尼采给了我们一个较为折中和人性化的处理方式，那就是既不直愣愣地使用蛮力，也不怯懦地直接放弃。而是在遇到阻碍的时候，就事论事地根据现实情况来对计划进行修改和增删，也就是在执行的过程里进行灵活的调整，放弃一部分过于虚幻的美好想象，增加一些更为现实的能够增加计划收益的对象和目标，这样就能够最大化地达成我们的初始目标，甚至有可能收获意想不到的福利。

在尼采的哲学里，常常出现两条线索的同步行进。一方面尼采要求超越自我，让自我的心智不断去追寻一个更高的层次，另一方

---

①《杂乱无章的观点和箴言》是尼采整理编订的包含其诸多论调与观点的小册子。

面，尼采又十分注重现世的生命体验，他认为磨炼心智并不是要去做苦行僧。尼采提醒他的观众们，不要单纯为了精神层次的提升而忽略了身边的美好，也就是对日常生活的心经营、一点一滴的体验构成了生命的整体，没有衣食住行的生活经历，就很难构建对人生的感性认识。可是有些所谓的高人，觉得日常的吃喝拉撒都是动物般只涉及生存的事宜，他们还觉得养育后代也只是在欲望的驱使下所做的顺其自然的事情，他们认为真正有意义的事情必须是层次较高的那种。尼采针对这种偏见，在《漂泊者及其影子》里阐述道："并不是日常的锅碗瓢盆就是低贱的,那不是评价人的层次的标准。相反，我们应该把日常生活看得更为神圣才对，要拿出最为真挚的情感来对待它，因为这是人存在的最基本的基础。我们需要用智慧的视角来考察这些衣食住行的各个方面，在勤于思考的过程中经常进行反思和改良，使它服务于我们的人生，并帮助我们在现实中更为舒适地生活，这才是心智锤炼的基本。"

在生活中需要注意哪些问题上，尼采主要表达了他对卫生方面的关注，也许来源于他幼年时接受的贵族血脉教育，他对于身材的纯净格外地关心。尼采认为清洁的习惯要从幼年时期就开始养成，其中不光是日常的卫生习惯，比如吃饭要洗手、经常洗头洗脚等来确保身体上的康健，主要目的是要潜移默化地将纯洁的心理意识扩散和升华到灵魂的层面。如此一来，通过直观的卫生教育，侧面让孩子更提高了辨别是非曲直的能力，尤其对于那些污浊不堪的违反道德甚至法律的行为，孩子会直接产生心理上的抵触情绪，这样就等于直接习得了作为一个人格完整的人应该具有的纯真而洁净的品格。出身于宗教世家的尼采，除了对于宗教上要求极为严格的纯净这个关键词的重视外，还对章法与秩序特别在意。他认为让生活的过程惬意而又有趣味的基础就是要有章有法地对待生活的琐事，就像艺术家所做的那样，比如说画家，他会把室内摆放得井井有条，并按照光影的对比，把各种物件放置在符合对比规律的地方。对于普通人来说，没有艺术家那么专业的讲究，但也至少要将室内的家具和摆件等物质收拾规整，显得秩序井然，给自己营造一个更为和谐和舒服的环境。而且，更引申一层的话，生活的方方面面，甚至社交与人际，也都需要使用一种有章有法的态度去对待和解决，其效果也就会显著得多。

尼采不否认现实物质生活对心智磨炼的辅助作用，甚至认为人类的索取和占有欲可以形成积极的力量，它推动着人们走向工作岗位去挣钱养家，在满足了生存问题之后可以继续寻求精神方面的满足。钱是一种货币符号，它的本质是帮助人们实现等价交换，可以说如果没有钱，人类社会的运转就会受到阻碍，即便不是钱，也会有另一种形式的东西来起到相似的替代作用，因此，钱不应当成为罪恶的象征。关键问题在于主体的人心，不成熟的心智总会倾向于被贪欲所迷，随着欲望的膨胀，心智进一步陷入迷失，甘愿花费全部的时间和精力在摄取金钱本身上，最后让自身的精神意志也慢慢丧失。人一旦被欲望牵着鼻子走，整个身心都会成为贪婪的俘虏。到了这种境地的话，精神上的追求就成了浮云，根本不会出现在心灵的计划列表里。人倘若精神贫穷得只剩下钱的时候，还何谈心智的成长呢？

尼采的哲学里还充满了辩证的意味，一方面他建议我们制订了计划以后就要坚定地向着目标前进，要尽量排除外界的干扰，另一方面，他也希望我们不要过于沉迷于某件事情本身，怕我们仅仅为了一个目的而耗费所有精力和时间，错过了过程中的五彩缤纷的风景。这两点看起来有些矛盾，实际上并不互相抵触，就如前文所述，生命的价值在于丰富多彩的体验过程，也就是说，我们在人生任何一个阶段的目标都不应该过于僵化和单一，甚至可以说无须什么目标，因为人生路本来就没有具体的终点，过程是我们唯一拥有的财富。尼采认为，我们在生活中要积极拓展自己的视听范围，在向着一个目标努力奋进的同时，不排斥接受任何意料之外的收获和惊喜，就像蜜蜂采蜜一样，要广泛地采集很多花朵，才能收获更多的蜂蜜。再比如在现实工作中，为了养家糊口，我们的目标大都是十分现实和具体的，就是要多做一些业绩多挣一些钱，但是这并不妨碍我们在投入工作之余享受生活本身的情趣，多陪陪家人，业余时间做一些自己真正感兴趣的事情，不仅可以让生活更丰富，还可以充分恢复精力。尼采在这里所关注的核心点不是人精力的合理分配问题，而是人生态度的问题。他希望人们从容、淡定地对待自身和这个社会，倘若欲望过于强盛，目的性太强，都会让人生陷入迷失，在自身深受其累的同时，还会给周围带来负面的影响。

但是，反思我们所有论述的内容，都是基于我们自身的认识，而认识的程度总是被限制于人的感官范围内。所以我们所说的磨炼心智，乃至于所有其他问题，都是以人为主体所做的自说自话，都是在我们的认识基础上阐述的。尼采也专门在《曙光》里谈到了关于认识论的问题，他认为人只是纯粹依靠生命经验来做出所有判断，判断自己做的事是否有价值，判断自己是空虚还是充实，是有意义还是没有意义。可人是没有超能力的，肉体凡胎的我们能够直接凭感官认识的东西极为有限，那么在判断上能够达到的准确度也往往是失之千里。从这个角度来看，人被困于自己的肉身中，是显得多么弱小和无助，人们煞有介事地对问题进行分析和判断，得出扬扬自得的结论，可那不过是井底之蛙的片面之言。但是，尼采指出这个问题，不是仅仅想让我们有更多自知之明，而是希望我们在心智上更为成熟和坚强，在知道关于宇宙的秘密我们可能永远无法探其究竟的前提下，还勇往直前得不断前行，这有些像孔子[①]所述的“知其不可为而为之”的精神，是一种大无畏的向上情感。当然，尼采在这里更强调理性和感性的综合，他提出的是人要提升自己的承受挫折的能力。

最终，尼采关于磨炼心智的建议，又回归到了艺术的角度。他认为艺术可以拯救人，人虽然无法突破肉身的限制，可是在我们肉身所能达到的范围里，艺术是能够令我们愉悦的最佳对象。既然人的生命价值在于快乐而丰富的体验过程，那么愉悦本身就可以是我们的人生目标之一，情绪的愉悦可以让工作更有动力，

①孔子：中国古代思想家、教育家，儒家学派创始人。

尤其是富有创造性的工作，比如设计类的工作，是需要相对自由的外在氛围，在尽量少受到心理约束的条件下飞扬自我意识。人生下来就喜欢愉悦的东西，这需要我们细心地去呵护它，在它的陶冶下我们才能够更为安心而优雅地面对任何事情，心智也能够得到更为健康而积极的成长。

点评：

尼采对于生命的力量和生机是非常重视的，他认为真正善的东西就是能够为我们的人生注入活力和生机的事物。人生在行进的路上不断调整，在这个过程中经受磨炼的心智也随之逐渐成熟。想要让内心变得强大，我们必须拒绝平庸，只有不断向上地拼搏，才能最大限度地锻炼意志和心智，最大幅度地表达生命的意义。

第四章　批判并重构道德谱系

尼采生来就有一种超越常人的反叛精神，对于当下存在的任何理念与体系都怀着批判和质疑的态度。他对于旧的道德系统也一直存着怀疑，认为那不过是有权力的人构建出来控制弱者的一种手段，这有点像我国旧社会三纲五常对人性的压制。尼采的崇尚生命意志的哲学和我国古代的生命哲学有着十分相似的地方，都提倡精神层次的提升，都重视生命本身的过程体验，都追求物我两忘的纯粹境界。尼采的道德哲学的最终着眼点就是要给予生命自身价值，他要求冲破旧的束缚人性的道德体系，重新建立新的更适应人本发展的系统。换句话说，尼采认为只有对生命本身的发展能起到积极意义的道德体系[①]，才是值得保留的。

尼采对当时英国心理学家的道德观给予了痛斥，他认为这些人在研究道德历史的过程中竟然没有发现一点儿存疑的地方，这和他们的自以为是的态度不无关系，他们可以在进行深入研究之前就断然提出自己的看法。这些人所使用的反向挖掘的方法是最让我们无法接受的，他们先从人的肮脏面入手，再貌似聪明地推导出对人有益的、积极的成分，这种幼稚的方法简直是对人类智慧的亵渎。尼采认为这些所谓的心理学家不过是趋炎附势的傀儡，用那种机械而僵化的手段在垃圾堆里寻找真理。

在道德体系中，好坏与善恶的区分是其核心部分。尼采对于衡量善恶的陈旧标准嗤之以鼻，他认为那些不知道为谁所利用的史学家对于道德标准的设定起到了十分消极的影响，他们身上压根没有历史的思维，甚至没有进行任何调查研究就妄自断言了孰优孰劣。在这种人的简单头脑里，大公无私是受人敬仰的行为，那么大公无私必然就好，无论如何，只要大公无私就必然是善的。问题就在于弄错了善恶评定标准的起源，好坏在那些所谓的专家眼里就是好与坏，就是好人和坏人身上的特征的显现，从根本上就偏离了它原初的概念。

好与善这个概念已经被当权者混淆成了上等人的特权，他们称自己为主人或是有钱人，这些似乎都成了好的代名词，他们还

①道德体系是体现一定社会或阶级价值取向，具有内在一致性的、较为稳定的道德原则、规范和范畴系统；是一定社会或阶级客观道德关系的反映。

热衷于称自己为真诚或真实的人，是真正的人，于是真实的好似乎就成了贵族的标签，而不真实就成了卑贱人的标志。更有甚者，有的拉丁词汇把勇敢的词根赋予了贵族，而把懦弱的字眼送给了庶民；好的词常常用来形容黄头发的雅利安人[①]，而坏的字眼就往往给予了肤色发暗和黑头发的异乡人。

尼采还对当时政治上的虚伪进行了鞭笞，他在《善恶的彼岸》里一针见血地指出，政治上的所谓优越和精神层次没有什么联系，那些看似德高望重的教士，不过是用自己职位的光环来构建人设，实际上那些好与坏的标准根本就是没有根基的。比如说纯洁这个关键词，就不必过于从字面上看重它的影响，也不用将其涉及的面夸张太多，更不用把它作为一种象征性的标榜。实际情况是，包括纯洁在内的很多词汇都是古代人根据当时的社会现状所构建出来的，其所表达和代表的东西和我们现在适用的范围有着天壤之别。就拿纯洁来说，纯洁在古代就是指那些洗了澡，或是不吃肮脏食物的人，或是不和妓女来往以及不喜流血的人，这种指代对象十分具体，没我们现在想得那么多。

尼采之所以对教士阶层有着那么大的抵触情绪，除了他与生俱来的反叛精神，可以冲破原生家庭的教育，对基督教本身提出质疑；还有就是在基督教氛围浓厚的欧洲大陆，宗教势力十分顽固，他们总是用僵化教条的精神压制、控制人的思维。尼采在《道德的谱系》里将教士和骑士阶层做了尖锐对比，认为他们之间的

---

①在近代，纳粹错误地将金发碧眼的日耳曼人定义为雅利安人，实际上两者毫无关系，相距甚远。

价值是根本异化的，而且两者还处于相互对抗的模式。骑士的整体色调是明朗而向上的，他们要冲锋在前，用强壮的体魄来完成战斗的任务。而对于教士来说这些正相反，他们往往怀着狠毒而狂暴的内心，这主要是源于本质上的无能，只能依靠谎言来惑众。他们也是仇恨的代言人，在教士复仇的聪明头脑跟前，人类所有的聪明才智仿佛都黯淡了。

尼采又深入地分析了高贵与善的问题。奴隶刚开始生出反抗心理的恨意是非常有创造意义的，这种恨意首先通过心中的想象来进行意念上的报复。因此奴隶的道德和高贵者的道德是完全不同的，前者是从对外部因素的否定生发出来的，对于道德价值的确认是用反向的方式推出来的，是从外部而不是从内心找寻真正的意义本身。奴隶是依靠外部刺激产生的内部道德价值，因此它不过是反应产生的物质。相反的是，高贵者的价值是真正从内部生发出来的，它为了证明自身的价值，需要一些对立面的参照，但是总体上其生命意识里充满了积极因素，反面因素只是为了提供借鉴。因此，有时候高贵者会显出一些错误的价值实现方式，主要是由于在其并不明了的领域，他们更倾向于使用自卫的方法来坚持自我信念。

在上述二者相互发展的过程中，带有仇恨的奴隶阶层最后会进化为比任何高贵者群体更为聪慧的状态。并且，前者对于其获取到的聪慧也有着独特的认识，即把聪慧的状态仅仅作为其取得生存的必要条件来对待，高贵者则是把智慧的磨炼作为一种情趣的消遣和高雅的奢侈品来消受。当高贵者有了恨意时，也会在累积到一定程度时爆发，但是会自然消耗内在的反应，因而也就不会有什么真正的负面和消极的作用产生。另外，在很多情境下，高贵者是无法感受到恨意的，反之，无能而弱小的人则常常会感受到恨意的种子。这是因为，具有完美人格[①]的人不会对自己遭受的不幸和失败过于耿耿于怀，这是因为他们较高层次的精神本身就具有较好的治愈和修复能力，而且他们的忘却困难与不堪的能力也都超人一等。高贵者可以轻松地甩掉那些附着在身体上的令人不快的虫子，这也是为什么有人能够做到真正去爱他自己的敌人，他可以向敌人表达自身的尊重，但是其敌人必须是值得尊敬的。反过来说，一个内心被恨意充斥的人，他的敌人的形象也正如他内心镜子里映射出的那样，构建出来的必然是一个恶贯满盈的人，而这个敌人的对立面，即自身，也就相对是一个好人，这也就是善恶标准的起源。

其实正是高贵者最先创造了善这一基本对象，他们从内心中自然生发出了这个概念，之后才基于善而生发出恶的对象。因此，从高贵中起源的恶，和那种从内心的愤恨中激发出来的恶，它们在字面上的相同也掩盖不了本质上的不同。高贵者的恶的对象是从属生成的东西，是一种补充的对象；而恶念中生发的恶其本身就是其原点，是奴隶受外界激发后自我产生的对象。因此不难看出，奴隶的恶的概念恰恰在另外一种人身上是善的，它们是同一类对象，只不过从不同的角度去看，用是否带有颜色的眼镜去看

①人格是指一个整体的精神面貌，是具有一定倾向性的和比较稳定的心理特征的总和。

的区别，是否扭曲了其真实内涵和形式。尼采建议我们不要将任何的对方往恶的方向去想，因为那只是你内心恶的反射而已，我们将内心的恶放肆地向外释放，那就只能认识一个个恶的敌人，除此别无他物。假如是前述这样的人，他们更倾向于在道德的禁锢下生活，在那些繁复、僵化的礼节和习气下生存，在互相嫉妒和仇恨的氛围下度日。

尼采最为痛恨的是那种道貌岸然的中庸，通俗地说就是不愿意努力和超越自我，故步自封地享受既得利益，还给自己找了很多可以心安理得的理由，甚至这些平庸无能得无以复加的人和那些经常自寻烦恼的人把自身当成了精英人群，甚至代表了某种历史性。这些人产生这样的想法也是有原因的，因为他们觉得至少和很多失败的人相比，和那些病恹恹的人相比，他们貌似还推动着这红红火火的社会进程。而且，他们还自认为十分绅士，还有一套求生的本领，已然十分了得。中庸的可怕就在于轻易得自我满足，他们会沉浸在自己的小成就里心满意足地享受安稳，而忘记了、也不想去记起生命原本的价值是什么，他们相当于已经放弃了追寻生命意义的权利。从这个角度来讲，这不是善的，是伪善的，而且是自欺欺人的伪善。

对于那些受欺凌和受压制的正在遭受蹂躏的人来说，他们内心充满了恨，可是又像阿 Q[①] 一样自我安慰地说道："我不能跟那种坏人一般见识，我是要做善人的！我不能和他们一样侵害他人，也不会去报复他们，让上帝来裁决吧，我要跟罪恶的事情远

---

①阿 Q 是鲁迅创作的中篇小说《阿 Q 正传》中的主人公，擅长可笑的精神胜利法。

离，从从容容地生活，我真是好人的典范，既有耐心，又谦虚谨慎，还相当有正义感。”我们听完以后就可以感觉到，他们承认自己的弱小，满足于自身的弱小并故步自封，他们用道德的框架把自我束缚在一个空间里无法动弹，或者说是利用道德的大旗来为自己的不思进取进行解脱。这其实就是动物都能想出来的绥靖之策，在残酷的现实情况下，是一种无能为力的伪装和自我解脱，把自己包装在一个道德的躯壳下。弱小者不想着怎么让自己强大起来，却整天编造谎言说自己的无能行为是主动选择的，是一种绅士风范，这不能不令人为之唏嘘。从这个例子可以清晰地看出，道德是不可以用固定的框架来呈现的。

好的和坏的，善的和恶的这种对立的道德观念一直处于激烈的对抗中，结果从来很难判断，此消彼长、互有胜负。而且，这场没有硝烟的战争在一直升级，就像是天使和魔鬼一直在较劲。从目前的结果来看，还找不到可以替代这种对立状态的事物。关键在于，到底怎样来设定关于道德价值的标准呢？这通常是互相矛盾的，比方说，某一样物体对于某类生物的生长有着十分明显的帮助，但是对于另一类生物却可能有着毁灭性的效果。有些英国的生理学家很天真地认为大多数个体的利益拥有着较高的价值，而较少数个体的利益就相对价值较低。尼采从哲学的高度看到，各类学科的学者其实是在给哲学家提供前提研究，而哲学家就是要将各种成果聚合到一起，来最终确定关于价值判断的问题，最后确定价值评定的层次。

关于道德谱系研究的复杂性，尼采用生动的例子加以形象化。在星空之上，有时候两个太阳可以确定某个行星的运动轨迹，而有时候是有着不同颜色比如红色或绿色的太阳向着行星发射光芒，让这个行星上面产生多彩的现象。这一纷繁复杂、交互影响的宇宙空间，一如人类在社会中受到的各类道德观念的影响。人们从不同的视角、不同的意图所体现出的道德谱系也是五彩缤纷的，在大多数情况下，人们的道德行为体现出的是杂色。

尼采的道德观[①]从不是普遍意义上的关于现实世界的有益或无益的概念。他总是从精神的角度，借助宗教作为研究工具，纵观人类发展的整体来进行考察。尼采认为道德的层次在某些方面是进步的，比如说在爱自己的敌人这一点上，尼采看到人们正在接受这种崇高而超脱的道德。这样的事情正在越来越多地以不同的程度在发生，甚至还有更为超越的事情发生。当一个人在深深地爱着一个人的时候，也可以同时对他产生鄙视的情感，这有点像尼采对瓦格纳的友谊之路。人们不会骄傲而自以为是地去高谈道德，带着充满善的羞怯在无声无息中进行着。尼采认为这是人性的进步，就好像对于过去的人来说，宗教逐渐在成为一种处世态度而非形式化的事业。

去爱敌人，这种崇高的思想就包含着无上的宽容。宽容是人性的闪光，和宽容的人在一起，人会体验到最为人性化的待遇。而另一类人则倾向于给他人设定高的标准，认为所有人都应该是

①道德观是道德意识和道德水平的统一体，集中表现为个人处理与他人、集体和社会的关系的准则。

绅士一样的翩翩君子，具有敏感而锐利的洞察力，可以善解人意、体贴入微。和这样的人交往的时候，按照尼采的说法，需要多加小心，倘若我们无意间犯了某个错误，他们也许会选择永远不谅解我们。在表面上他们仍和我们称兄道弟，可是背后却会对我们诽谤中伤，暗加指责。事实上，这种道德的绑架与谴责是智慧较低的人对智慧较高的人所做的一种十分常用的报复方式，也算是他们对自己较低天赋的一种自我弥补。他们通过这种消极的行为也获得了一种精神力，只不过是一种暗黑的、较为恶毒的精神力罢了。可是他们还是能够找到让自己欣慰的地方，那就是可以通过他们自己想象的那种道德框架来和有着较高天赋和较高特权的人站到一个高度和标准上。这类天赋较低的人喜爱上帝面前人人平等这句话，这似乎是他们信仰上帝的原因。如果谁告诉他们：具有崇高精神的人和有道德的人之间的可敬度是有差异的时候，或者说差异非常大的时候，他们准会暴跳如雷、拍案而起。尼采用犀利的语言戳穿了这些人的狭隘和虚伪的心理："如果说崇高的精神可以和道德品质等同到一起的话，那也只有具有纯粹精神道德的人才具有，这是需要一个综合品质的聚合作用的，甚至需要几代人的努力才有可能逐渐地形成。"在这里，尼采讽刺了那些只拿假道德标榜自身而且又没有真材实料的人，同时他也流露出了对自我血统传承的一种自豪和骄傲之感。对于尼采作品里宣扬贵族和高贵之类的字眼，读者还是要有选择和自我辨别地去阅读。

尼采的道德体系观是基于人类整体的超越与进化的，他对于社会资源的分配有着自己的理解。比如对无私这个概念，他认为重点不是该不该无私，而是谁应该无私，或者说无私的效果是不是能够惠及该惠及的人，少让不该受牺牲的人受到牺牲。也就是说，尼采认为是否应该无私主要和个人价值息息相关，如果某个人无私否定他自身的相对高的价值，而惠及的是某个不匹配的人，那么这就不是一种美德，而是对美德的亵渎。

关于道德谱系的阐述是尼采哲学体系里较为深刻和抽象的学说，正是因为它的研究对象是道德，也就必然要超越一般的道德和价值衡量标准，呈现出一种卓尔不群的高度。尼采针对世人衡量事物的价值标准给出了他自己的深刻批判，他认为不管是乐观主义、悲观主义还是功利主义，这些观念都是依据我们是得到快乐还是痛苦而给出的，这些看上去极为人性的、十分说得通的想法，其实是非常幼稚可笑的，尤其是那些有着一定创造力的艺术家都会十分鄙视，带着无限同情的鄙视。当然这种同情不是对病人的同情，不是对奴隶的同情，不是对身心上有缺陷的人的同情，而是更为深刻和高尚的同情，那就是看到人是怎样将自我变得渺小可怜的同情。有时候，对于渺小者的一本正经更为同情，因为那比随意的轻浮还要难缠和危险。尼采否定关于要消灭痛苦的想法，他认为痛苦无法避免，只能迎着它而上，而且为了人性的超越，要想办法增加我们的痛苦。尼采认为所谓的寻找幸福不过是在找寻一个并不存在的结局，这让人觉得十分可笑和荒唐，也许就是预示着人类的毁灭！他认为正是痛苦一路推动着人类历经磨难走到了现今的发展层次，人在遭遇不幸的时候就会变得更为坚强，在遭受打击时才会让心灵得到震撼。人类都是从忍受不幸发展到接受和理解不幸的，然后再到运用不幸。在这个伟大的进化过程里，其中所迸发出的智慧火花与大无畏的进取精神，以及我们灵魂中所焕发出的所有深刻与伟大的因素，又有哪些不是从感受痛苦中来，不是从经受痛苦的历练中获取的呢？

尼采对于肤浅而虚伪的道德鼓吹总是充满了鄙视的态度，他认为从古至今的所谓道德哲学不是乏味而又单调的催眠物，他甚至觉得就是这些道学先生把道德给毁了。对于英国当时流行的踩着边沁①的路子演化而成的功利主义，尼采也是深恶痛绝的。他认为那些功利主义者压根就没有自己的思想，也没有对过去人的思想做出合理的解释和总结。这种学术研究简直令人无法想象，就像是个笑话。他认为英国人的虚伪和心口不一的品行，都流入了那些道德现实的血液里，把道德本身看作研究对象，那本身就是一种最大的不道德。

点评：

尼采生来就有一种超越常人的反叛精神，对于当下存在的任何理念与体系都怀着批判和质疑的态度，他认为那不过是有权力的人构建出来控制弱者的一种手段。在道德体系中，好坏与善恶的区分是其中的核心部分。关键在于，道德价值的标准该如何设定？一般来讲，是互相矛盾的，尼采的道德体系观是基于人类整

---

①边沁：英国著名的法理学家、功利主义哲学家、经济学家和社会改革者。

体的超越与进化的，对于社会资源该如何分配他则有独特的理解。但要注意的是：他的道德体系是建构在唯心主义的思想基础上的，缺乏理性根基，需要读者有辨别地阅读。

第五章　洞悉人性并实现超越

从日常用语上来讲，人性的本质有狭义和广义两方面：狭义是指人的本质心理属性，也就是人之所以为人的那一部分属性，是人与其他动物相区别的属性；广义是指人普遍所具有的心理属性，其中包括人与其他动物所共有的那部分心理属性。有的人认为人是上帝按照自己的模样做成的，可是这个作品明显不是上帝的杰作，更像是心不在焉的时候草草做成的，因此人也总是体现出丰富的品质，有的好一些有的坏一些。作为人来说，首先要正视自己的本性，并按照符合人本身规律的方式去接受、分析和热爱本性，主动和自己的内心进行沟通。在不断发展自己的生命之路上，既不要跑偏，也不要一味屈从于本性中不良的一面。

在《查拉图斯特拉如是说》的开篇，尼采为我们讲述了查拉图斯特拉的故事：他一个人去往通向山脚的路，走入了一片丛林之中，见到了一位老人。这位老者是从神圣的茅屋中来的，正好这会儿在丛林中采集野菜，他对着查拉图斯特拉[①]说：“我曾经见过一位叫作查拉图斯特拉的人，他现在和从前经过此地的时候

①查拉图斯特拉：公元前5世纪的波斯先知，也译为琐罗亚斯德。

已经完全不是一个人了。过去他把自己的灰烬带上了山，现在又要把火种送回，这可是纵火的罪名！其实我知道你就是那位查拉图斯特拉，你眼神很纯净，嘴角有些倔强，好似一名舞者一样行进。你现在变成了一个纯洁的孩子，一个取得了精神觉醒的人，你为什么要去还处在睡梦中的人那里呢？你将会一个人孤独地在茫茫人海里生存，起起伏伏。你要重新回到人世里去体验背负担子的感觉吗？”查拉图斯特拉的回答很简单：“因为我热爱人类。”老人接着说道：“我以前曾经也热爱人类，现在来到这个荒村野岭里，是因为我如今更爱上帝，人类有着过多的缺陷，去爱他们反过来会将我自己毁掉。”查拉图斯特拉回答道：“我的爱也不算什么，我只是想给人类一些赠礼。”“与其给他们赠礼，不若给他们分担一些负担，那是人类更欢迎的东西，但是也不要盲目地给予他们协助，最好是让人类过来请你才去。”“我不配他们来请，他们也不会有这个需要。”查拉图斯特拉笑着说。“那样的话，你不妨下去试一试，人类不容易相信特立独行的人，更不愿意相信他人的好意。在人类的眼里，我们不过是多余的人，行事古怪的人，甚至觉得我们是贼。我也奉劝你打消自己的主意，就在森林中待着吧，和鸟兽们做伴也好，在森林里称王多么快活！可是你要给人类什么样的赠礼呢？”老人说道。查拉图斯特拉鞠了个躬，说道：“确实没什么礼物可以赠予的，甚至还可能从人类那儿索要些什么，我现在还是走吧！”两人像孩子一样笑着告别了，查拉图斯特拉暗想，这个老者竟然还不知道上帝已经死了！

查拉图斯特拉的原型是一位波斯先知，尼采只是借其口来阐述自己的思想，他虚构的这个文学形象和历史上的原型无甚联系。在《查拉图斯特拉如是说》里，尼采接着阐述人类的超人归宿说，查拉图斯特拉在森林里告别了老者，来到了一个小村子里，人们正聚集在广场看一个人表演走钢丝。于是，查拉图斯特拉就告诉大家："你们要不断尝试去超越自我，去做超人，这也是人类的必由之路，人总是不想回归野兽的状态吧？虽然人们已经经过了从野兽到人的蜕变，可是本质上却还有着兽性，就算是最有智慧的人，也不过是植物和魂魄的结合体，因此我要引导大家去超越自我，做真正的人！超人是要忠诚于大地[①]的，自以为是地觉得自己能够超越大地的人不可信，不管他是不是有意的，都会毒害我们的思想。这些人没救了，大地也准备抛弃他们！虽然上帝死了无法再追究他们的亵渎之罪，可是亵渎大地的罪状也是相同的！人的生命总是充满着肮脏的气息，要拥有如大海一样博大的勇气才能成为海，超人其实就是大海，它可以吸入周围所有的鄙视与唾弃。那么可能会说，幸福总是伴随着贫乏与污垢，可这不是存在的标志吗？理智不过是和野兽渴求食物一般，又粗鄙又肮脏，而道德也不过是贫乏而浅薄的，它很难激发起人的情感，又会为善恶的标准所累！你们曾经如此叹息过没有？我希望你们是如此想的！这不是恶，而是人类对着苍天的悔过！超人也就是闪电，是那疯狂！"可是人群中传出了厌倦的声音："听够了，让我们看表演吧！"

---

①这里是指原初的大自然。

在描述了人类的归宿之后，尼采又借查拉图斯特拉之口描述起了人类当下的处境：查拉图斯特拉惊讶地看着人群的反应，接着说道："人类正处于悬于深渊之中的介于野兽与超人之间的那根绳子上，人类没有回头的路，只有满怀勇气地走过去才是最为安全的，总是迟疑地回头或是裹足不前都是十分危险的。这其实正是人类这个阶段的魅力与伟大的地方，他正处在一个过程中而没有目的地，而且是一个需要跨越的挑战过程。"

人性是复杂的，尼采在他的很多著作里都零星地显露过对人性部分特质的担忧和关注，同时也给出了一些建议。比如在人性表现最为显著的人际沟通上，人性在个体的交互中产生最为直接的碰撞，尼采在《曙光》中就告诫人们在和他人进行沟通的时候一定要尽量口气平和，尤其是讲述较为出人意料的事情时，你的语调要表现得那件事是尽人皆知的，这样表述出来会让对方更加容易接受，否则的话，会让对方陷入过于无知的尴尬境地，接着就会把那无明业火统统发到告知的那个人身上，并且把本来良好的沟通氛围给搞糟。这条箴言其实非常有实际用处，可以决定一些工作任务的成败。有人觉得可能也要分不同的人，层次较高的人也许就不用在乎这些小细节，但是尼采却不那么认为。他在《快乐的知识》里提出，人们想当然地觉得伟人的人性必然是较为完美的，可事实证明有些伟人就像个没有长大的儿童一样，也正是这种特征让他们出类拔萃；有的伟人在成名之后知道适当去调整自己的风格来适应大众的需求，而伟人的普遍特征必须是有着梦幻般的风格才足够有魅力。当然想要有效地领导他人，一个好的领导型伟人需要合理地隐藏自己的一些想法，所谓的领袖气质必须是让他人感觉到深厚内涵与从容气度的，那么倘若让他人看不到自己的想法和内心，就像人们望着深海看不到那下面的巨兽一样颇感恐惧，领袖的手段也是如此。其实不光是领袖或伟人，任何在社会上风风光光、翻云覆雨的人，他们在人前总是可以保持得那么光鲜，他们的能力和运气总是好过其他人，而事实并非那样。他们的玄机就在于擅长把自身的短处和缺点都巧妙地隐藏起来，这也是他们和其他人的最大不同。

人是需要互相帮助的动物，人字的结构就是互相支持，人性的闪光点就是集体主义和团队精神。在残酷的大自然里，相对羸弱的个体，是需要团结起来一同前进的。形单影只的人总是力量稍显孱弱，需要联合大家的力量来变得更为强大。就比如我们走在桥上的时候，会有掉下河的风险，因此桥上一般会装有栏杆和扶手，尽管在意外出现的时候有可能栏杆和扶手都跟你一块儿掉河里去，可是栏杆和扶手的存在总会让人感觉到更多的安全感。对于年轻人来说，他们的父母、朋友和老师就好像那栏杆一样，可以给他们的心理带来莫大的自信和安慰，尽管也可能有一同掉下河去的危险，可能实际作用不是那么有效果，但却是年轻人灵魂成长过程中不可或缺的一部分。因为年轻人总是对社会没有太多的准备，他们可能并不脆弱，但是家庭和朋友的帮助却能让他们更为健康地成长，更好地度过一生。

尼采的哲学里总是显露着一些东方智慧的影子，在精神上追求绝对崇高，重视生命的过程体验和大自然的物我两忘，甚至在处世哲学上也有着和东方文明一样的中庸观。比如在他的《玩笑、诡计与复仇》[①]中，尼采就表达了作为年轻人一定不能仅凭着小聪明就一味冒进，因为自认为聪明很可能让自己受两种负面作用的影响，一是倾向于过于依赖自己的聪明而在实际的努力上有所懈怠，二是过于与众不同就不容易得到别人的喜爱，甚至被周围的人排斥，所谓木秀于林，风必摧之。因此，尼采认为有天赋的青年人要懂得低调，不光是对周围人的低调，更重要的是内心里真正的低调，只有这样才能够心甘情愿地按部就班进行自己的学习和生活，并且逐步取得进步。尼采洞悉的人性的弱点，也是从他自己的成长过程中吸取的经验和教训，他明白再高的天赋也不应该用于纯粹的表现，而是要踏踏实实用在学习和研究上，用在它本该起作用的方面，大智若愚总是受人欢迎的，它会给你的生活带来很多便利和帮助。

要洞悉人性，就要知道如何去考察和研究它。尼采认为人性都是体现在细节里的，因为人的很多阴暗而龌龊的一面是无法示人的，必须小心翼翼地藏着掖着。我们想要看到人性的背面，就只能依靠缜密地观察与思考，就比如“笑”这个最为普遍的人的行为，表面上看是抒发开心而愉快的情感，其实内有玄机。尼采在《漂泊者及其影子》里就讲到，某个人的笑可以一定程度上展现出某个人的人性，这主要体现在为什么事情而笑，为了有趣的

①《玩笑、诡计与复仇》是《尼采诗集》里比较著名的一个章节。

事情而开怀大笑说明了他性格上的天真，为了精妙的智慧而笑说明了他个性上富有趣味，而为了嘲笑他人而笑则说明了此人心理上有着较为严重的缺陷，还是避而远之为妙。笑的深度和程度也是人性的另一种表现，喜欢开怀大笑的人说明他没什么心机，而喜欢浅笑的人则更有城府。但是这些都不是一成不变的，人性是可以随着外界环境的影响和内在心理的变化而逐渐变化的，那么人们的笑容也就会随之产生微妙的变化。

说起人性的变化，尼采又通过查拉图斯特拉之口讲述了人的普遍蜕变之路，大抵上可以分为三步：首先是让自身的精神成为骆驼的象征，然后从骆驼的象征变为狮子的象征，最后狮子的象征又返回到幼童[①]的形态。首先从一开始，精神会去承担重负，因为这是无法避免的事情，不管是多重的负担最终会都落到精神的肩膀上。精神是有担当的，它好像骆驼一样把膝盖弯曲下来，问道："还有啥更沉重的东西没有？都给我吧，让我充分发挥自己的力量。"精神想要把那就在手边的胜利抛弃掉，到群山的巅峰上去挑战诱惑他的人。精神为了获得真理，宁愿让需求知识的灵魂饿着。即使在患了病的时候，也不需要别人的安慰，而且要结识永远听不到自己诉苦的耳聋的人为朋友，去接受痛苦的洗礼。精神的向往只有一个，那就是真理，不管那真理的水有多么脏和臭，也还是要一往无前地往里面跳。这个有着担当的精神把所有的担子背在了身上，像一只骆驼那样走进了它的荒漠里。在沙漠荒原里。第二种人性的形态得到进化，那就是从骆驼的象征变为

①幼童在尼采心中是纯洁、创造力和神圣的象征。

狮子的象征，因为精神想要自由，在沙漠中成为主宰。精神要反抗，要对上帝反抗，要和天上的巨龙进行搏斗。那么现行的世界主宰是谁呢？它就是“你应当”，而精神的狮子形态说出的话语是“我想要”。“你应当”的气势非常强大，就像是穿戴金甲的巨龙，傲气地怒吼：“世上所有的价值都存在于我的身上，所有价值都是被我创造了的，所有价值加在一起就是我。因此，不要说出你的‘我想要’。”可是，为什么精神要从骆驼形态变为狮子形态呢，默默地承受重负砥砺前行还不够吗？是的，只有依靠狮子的力量才能够争取真正的自由，我们拒绝单纯的“你应当”的命令，我们的精神里需要狮性的存在。那么精神的狮子又是为何要变为幼童呢？因为幼童是纯洁、创造力和神圣的象征，精神在变回到幼童之后，重新获得了自我独立的意志，在宇宙里游荡的人又回到那个属于他的自我世界。这个形态变化在电影《2001 太空漫游》[①]里也进行了相似的演绎，人类在漫漫历史长河的奋斗中蓄积了足够的力量，之后便在宇宙中寻找狮性的自由，在“我想要”的意志推动下，最终进化为太空婴儿，和群星并列存在。

人性是人的本质属性，它不受人的主观意志的控制，但是性格确实是可以自我积极地进行调整和改善的。尤其是那些神经质且易怒的人，他们是需要积极调整自身情绪的。尼采认为怒气是冲动的过程激发出来的，要能够自主地进行抑制，否则任由怒气去发散的话，就会极大地影响周围人的心情。因此在产生冲动时，不妨换种方式来排遣它，比如进行体育锻炼之类的，让怒气得到

①《2001 太空漫游》是一部科幻电影，探讨了关于人的本源和宇宙的本质的问题。

缓解和消退。也不光是愤怒，内心里浮现的所有情绪和感受也都大抵如此，人可以发挥主观能动性对它们进行合理而有效的管控，人也有责任和义务管理自身的情绪，以避免影响到周围其他的人，这就好似修建园子里的草木，收取树上的果子一样。

人性的恶的表现形式里，让别人蒙羞和丢脸是主要的手段，也许人们都普遍认可精神上的打击伤害要远远超过身体上的，因此似乎只有让别人生不如死才是真正达成了恶的效果。尼采认为恶人是喜欢从精神上对人进行折磨的，他们总想让人感觉到羞耻，不管是嫁祸于人，还是直接伤害，就算是仅仅和他人有了小小的摩擦和争执，他们也会使用一些污言秽语来让他人产生痛不欲生的感觉。可是，尼采一针见血地指出，行恶的人让别人丢脸和蒙羞，其实也制造了一种反作用力，不光让自身尝到羞耻，也会让亲人和朋友跟着受连累，都会大失颜面。可以说，想让自己的人性获得解放和自由，首先就要做到不让自己的言行给自己和他人蒙羞，如果精神的色彩被污染了，那么人性也就同时失去了光辉的一面。

人性中还有一面比较消极的因素，就是人对自我观念的过于肯定和执着，有的人自我感觉异常良好，认为自己天赋异禀；有的人觉得自己在某一个领域花费了大量的时间来进行研究和分析，自以为有足够的权威来对某些事情进行判断。可是，先不讲某人的固执是否是建立在他自身无懈可击的基础上的，仅仅是固执本身所体现出来的让人不快的气质，就足够有理由否定这个没有任何正面价值的概念了。尼采在《人性的，太人性的》里认为，一个人越是固执己见、顽固不化，那么他受到的攻击也必然会越多。因为固执的负面效果不只体现在闭目塞听上，还产生了故步自封的消极效应，人一旦觉得自己掌握了某一个领域的知识，就会倾向于满足当下的志得意满的状态而打消继续探索的念头，这和不断超越自身去做超人的理念是背道而驰的。

尼采一直都在强调思想上的不断革新和进化，他在自己的一生中也都是如此践行着。他不光在人生的每个阶段都有推陈出新的观念与思想诞生，还运用他那精妙的语言学功底将这些创新的思维组织成严密而清晰的文字，留给后人学习和思考。可以说，尼采的成就有一部分来源于他深厚的文学功底，因为人不能只会想，还要会写，脑海里纵然有千军万马，倘若没有传神的笔触也是枉然，不会表达的哲学家永远只能让自己的智慧埋没在黄土下。但是，尼采在写文章这方面强调的是要超越文字上的表面功夫，他认为写作技巧固然重要，可是那终归只是对枝干的修剪处理而已，最终看的还是文章本身传达的思想是否高超。尼采建议我们在努力提升文章的表述能力和深刻程度的时候，不光要在写作技巧上进行锤炼，更要从认知和思维上提高高度。如果不懂得这个道理，就会本末倒置，把本应为思想服务的技巧当成了首要目的，那文章还有什么存在的必要呢？

最终，人性的成长是需要经受痛苦和磨难的，这是尼采一直强调的事情，就像大树一样，都是在各种恶劣气候中经历了摧残后成长起来。同样，人性的成长也会经受各种袭扰和试炼，会遭受来自各方面的荼毒。但是，也正是这些外界的刺激增强了精神的承受能力，让它变得更为强大。就像我们吃了不干净的东西，会吃坏肚子，倘若撑过去了，反而增强了自身免疫力一样。因此，尼采说：“邪恶的力量给予人更多的希望，让人更为强大。”

点评：

人性是复杂的，尼采在他很多著作里都零星地显露过对人性部分特质的担忧和关注。他认为人性本质的普遍蜕变之路，基本上分为三个部分：首先要让自身的精神成为骆驼的象征，然后从骆驼的象征变为狮子的象征，最后狮子的象征又返回到幼童的形态。人性唯有经受痛苦和磨难才能不断成长，这也是尼采一直强调的事情。

第六章 自由的精神引领人类前进

尼采学说的核心是关于重视现世生命，并努力超越自己成为超人，而最终要达成的人生价值和意义就是取得绝对自由，这也是尼采理想中的人类最高境界。当然，这里的自由不是肉身躯壳上的自由，而是精神灵魂上的自由，具体来说就是人在自身生命里可以成就自我的超越与肯定，个体自主为生命的状态赋予具体意义的至高境界。这种自由实际上就是克服了心灵缺陷的、超越了人性桎梏的自由，这种自由超越了人生功利的羁绊、超越了道德善恶的钳制，人在这种自由的空间里可以自我定义价值和善恶曲直。按照尼采的观念，只有达到了这种自由的超人才算是开启了真正的人生，才算是从野兽和超人之间的绳索上度过的人。这种获得了真正自由的超人，是生命和活力的超然爆发。

在《尼采谈自由与偏见》[①]一书里，尼采谈到了哲学家的由来，他认为每个出色的人物都会出于自然本能去寻求庇护所，因为那个地方能够让他摆脱大部分人——把所谓的人的道德规则忘掉，然后去做一个特立独行的人。但是如此优秀的人也可能这样做：他可以怀着更为强烈的本能力量走到人们之间，或者是以最为杰出的形象在他人跟前出现。无论这个人是什么样的人，假如他在和别人交流的时候，倘若有时候不会产生一些无聊、同情、受挫和恶心之类的情感，不会因遭受痛苦而脸色一阵青一阵白，那这个人就很难被称为一个高尚而有情趣的人。但是，假如这个人不能积极地负起重负，对自己评价甚高，假如他总是骄傲而静悄悄地躲避在避难的场所，那么可以确认的是：这个人是无法成为一个有学问的人的。

尼采还在和上述出处相同的文章里鞭笞了犬儒主义[②]者，他认为这些人只会认可平凡无奇的事物，他们只相信自我内心中已经认定了的准则。而且，这些人总是不接地气，飘浮在空中，他们是容易情绪激动而敏感的，他们爱在别人跟前大谈自我以及同

---

①本书主要介绍了我们为自己创造了一个适于生活的世界，接受了各种因与果，动与静，形式与内涵。

②犬儒主义主张以追求普遍的善为人生之目的，为此必须抛弃一切物质享受和感官快乐。

类的事情。他们有时候也会在书籍里沉耽，但那就好像是在自己的粪便上打滚一样，根本不会受到什么好的影响。犬儒主义无非是给了卑贱者一条路，一条走向表象的诚实的路子，高贵者要好好听一听犬儒主义者所讲的道理，不管是好的还是坏的，高贵者要为粗鄙者在自己跟前表现出的羞耻一面而暗暗庆幸。

尼采认为易怒的人是无法获得真正的自由的，因为他们易怒的本质决定了他们无法诚实地对待别人甚至自己。尼采叹息地看到，人格低级的人其理解力却往往不错，这样的例子屡见不鲜。每次只要某些人开始愚蠢地大谈性欲、饥饿和虚荣心是人类行为的真正目的时，每次只要人类在遭受诽谤时，有理智的人也无须发火，只要听听就行。这是因为发火了人就不会太清醒。确实，那些高谈阔论的人比沉迷于感官欲望和自我满足者的视野要远一些，但是，切莫有愤怒之心，因为生气是最大的谎言的来源。

人的自由也往往容易受他人的影响和控制，比如在希望他人理解自己而费尽心思和口舌最终还无济于事的时候，自己已经被限制和束缚住了，何谈自由呢！尼采认为一个人想让另一人理解自己是十分难的一件事情，特别是当自己想要快节奏地去学习和生活，而周围的人则乐于像乌龟似的缓缓前行的时候。诚然，每个人的生活轨迹与未来规划都不尽相同，如何能指望其他人的理解呢。尼采的鹤立鸡群的思想更是让周围人很难理解他，而他则无奈地望着这些试图对他做出解释的人，尽管尼采给了这些人机会，可是又有什么帮助呢？尼采也只能在心里笑话这些无法沟通的人，或许只有从心里面放下执念，放弃让别人理解自己的妄想，甚至也不在乎朋友的理解与否，淡淡一笑罢了。从这点来看，人的自由是无法建立在他人的帮助之上的，因为沟通尚且如此困难，人的精神自由是一条孤独的山路，需要鼓起勇气砥砺前行，并且在这条不归路上避免遭受他人思想的干扰，一往无前地走下去。有时候误解还存在于语言的障碍上，就像巴别塔的传说那样，不同语言的人是无法持续一同工作的。即使现在翻译水平的提升让大家的沟通障碍缩小了很多，可是即便字面意思得到有效转换，也很难兼顾其语言风格节奏等方面。在尼采那个时代，翻译工作过于追求字面意义的转换而牺牲了文体与文风方面的表达，造成了信息的大量丢失。

在尼采的笔下，强者永远是个闪光的主角，只有强者才能够保持独立，只有强者才能够拥有这样的特权。人需要具有试图保持独立性的愿望，就算是最有权利如此做的人，只要没被强迫着那样做，也可以说明他不光是个强者，而且还有着非常大的勇气。他就好像闯入了一个神秘的迷宫里，冒着十分大的生命危险，他明知道这样做是孤立无援的，随时可能被一个道貌岸然的人给撕碎。假如这样的强者最终失败了，他的不幸是超过了一般人的认识范围的，人们也不会怜悯、同情他，他没有退路，没有任何支持！尼采所描述的，其实就是追寻自由的道路，也是他曾经在得不到公众支持时候的心理状态，孤独而凄惨。追寻自由的路必然是不一般的，是超人的路，只有精神的强大作为自我的支撑。

走在追寻自由之路上的时候，是需要依靠提升自我修为为基础的，它并非蛮力所能及，是心智锤炼到一定程度的、自然而然的升华过程。我们自身感受到的直觉，如果直接说给那些在个性和观念上无法接受的人听，一定会被认定是个低级的想法，有时候可能会被认为是犯罪的想法。就像宗教里的显密两派一样，这两者在印度人中就宛如在穆斯林和波斯人中没什么两样，他们总是用旁观的视角来考察、分析与判定。显教的信徒自下而上地观察，而密教的信徒自上而下地观察。在某些精神层次上，悲剧也不成其为悲剧了，在苦难堆积而来的时候，谁又能确定他望到了苦难就必然会心生怜悯呢？在不同的承受能力基础上，高等级的滋补药剂相对较低层次的人就可能是毒药，而哲学家则倾向于认为普通人的德行就是软弱的和恶的。

每个人都年轻过，年轻过后才会叹息和遗憾当初的轻率与放弃。尼采希望人们珍惜年轻的时光，形象地提出慢慢地年轻。尼采认为人在年轻的时候只懂得对某件事表现出尊重或轻视的态度，却不懂得抒发内心真正的情感，其实这才是生命最大的意义。年轻人通常是情绪饱满而浮躁的，他们的心不断地让真相扭曲，让自己轻易上当，最后幻想破灭的时候，那年轻的灵魂又开始质疑自我。纵使这样，即使心灵处在疑虑和懊悔中时，年轻人依旧还是有激情的，易怒且容易暴躁。想要追求精神的自由，年轻时期的思想过程起到了十分重要的作用。年轻人总是喜欢责备自我，自责于长期的自欺欺人，因此去自己报复自己，这不过就是年轻头脑的错误！在这个过程里，他们自我责罚，因为他们不相信自己，正是对自己的怀疑让他们不停地在消耗着自身的热情与批判精神，并且十分排斥问心无愧的状态，觉得那不过是自我安慰而已。甚至有些人会特别针对年轻来做批判，可是当我们不再年轻的时候，会发现那都是必要的过程，都是追寻自由之路的必经之途。因此，作为年轻人不用过于敏感，或者对自身要求过高，应该在理性的基础上循序渐进地提升和超越。总之，用欲速则不达来总结这段话最为恰当。

自由和强力意志是息息相关的一对概念，意志仅仅对意志本身起作用，而不对物质起作用。换句话说，人们要尝试着进行猜想，在细致分辨有某些结果显现的区域，意志发生效果的对象是不是不光为意志本身，是不是仅仅有部分机械运动是意志产生的效果。倘若人们可以把所有基于本能的行为都解释成依靠意志的推动和生发，倘若所有有机物的行为都能够追溯到意志上来，那就可以有充分理由将所有力量都简明地定义成强力意志。

关于伪善的道德，也一直是尼采鞭笞的对象，他认为这种道德家编造出来的用于控制人民心智的谎言，不过是粉饰太平的假话，它蒙蔽的是人的心灵，这尤其对人类寻找真理方面有着极大的消极影响。尼采一针见血地指出，没有任何理论可以证明某种品德能够引向崇高或者幸福。而唯心主义[①]在这方面似乎很热情，一边在歌颂着真善美，一边还积极地摆放着各式低俗而理想化的

①唯心主义在思维和存在、精神和物质的关系这个哲学基本问题上，认为精神（意识）第一性，物质第二性，精神决定物质，物质是精神的产物。

对象。对于人类的精神进程，德行和幸福都不是充足的证据，这一点连很有智慧的人也常常忘记。其实，这也就是对象存在的本质，人类会为了寻求真理而付出被碾压的代价，因而心灵也能够容忍各种来自真理方面的考量，也能够用以扭曲和掩盖真相的尺度来考量。但有一点是可以明确的，那就是在发现真理这方面，道德败坏的人和遭受不幸的人是比道德家和幸福的人更有优势的，他们成功的概率更大，更不用提那种道德败坏的幸福了。

在追寻真理与绝对自由的事业上，哲学家是当仁不让的排头兵。尼采还讨论了关于哲学家所具有的品质问题，他觉得对那些想要培养自身的坚定而独立的内在精神的哲学家来讲，苛刻而狡黠的性格要远远强于那种整天泡在实验室里的学者身上的冷静而柔和的个性的。如果假定哲学家不一定是非要著书立传扬名青史的，司汤达①所表述的正是本身不受限定的哲学家最为重要的特质，他是如此描述的："要成为一个出色的哲学家，就需要有那种犀利而无情的反叛精神，不留一丝的幻想。"确实，在自由之路上，是容不得任何中庸或妥协的论调来滥竽充数的，那将是惨烈的战争，为自由而牺牲的战争。

对于未来的哲学家，尼采给他们起了一个名字叫作"诱惑"，按照他的理解，这些哲学家接受他人对他们的理解，也想要保持自身的神秘感，尼采给他们所起的名字，本身也是一种诱惑。至于这些未来的哲学家，也许有人能够参透真理，因为哲学家的任务就

①司汤达：19世纪法国批判现实主义作家。代表著作为《阿尔芒斯》《红与黑》。

是找寻真理，他们不应该把乐趣和骄傲都建立在自身所建构的哲学体系上，那只不过是个体的哲学而已，但是却实实在在地是很多教条主义者的最大目标。有些人这么说：“我有自身独特的看法，别的人没有权利来判断。”当大家的观点达成了一致，人们就要放弃很多自身的看法了。但是，最后的真理总会显露出它原初的样子，宏伟的东西总会保持其宏伟，而让人无法预料的事情总会保持着微妙的状态。简单说来，任何有价值而且不容易得到的东西都会长久保留其个性。上述过程中，不需要任何人的看法，那些未来的哲学家必然拥有更为自由的思维。但是尼采还是富有担当地给他们提了建议，要帮他们破除刻板的印象和概念，因为那种根深蒂固的旧观点是会给心灵蒙上灰雾的，这会让自由的影子更加模糊不清。

尼采说的这些哲学家普遍存在于欧洲和美国大陆，这些人思想狭隘且充满了偏见，总想要捕捉那种与我们的内心愿望整个相背离的东西，让人产生一种十分无知的感觉。这些人表面上看起来阳光而又健硕，十分正直和富有勇气，可是他们的浅薄而又僵化的理念，尤其是把全部人类的困苦与失落都归因于社会形式上，确实是把真理都掩埋了！他们希望社会上所有人都受到平等的保护并享受舒适的生活，他们提到最多的关键词就是平等与权利的问题，还怜悯正在遭受苦痛的人，痛苦似乎是他们最为惧怕的东西。当然这里尼采是从不同角度分析的关于社会存在形式的问题以及关于对待痛苦的问题，尼采所指的痛苦和新兴哲学家的痛苦也只是字面相同而已，读者还是需要有辨别地去进行阅读。

在尼采的世界里，高贵者是一个经常出现的词眼，这倒不是尼采对于高贵的迷恋，而是他区分精神层次的一种方式。至于如何区分，他认为高贵与否和行为是没有关系的，因为行为是一种很难量化的对象，而艺术家群体倒是常常以他们的艺术行为来显现那种灵魂深处的高尚。可是，高尚的灵魂还是需要更为深刻的定义的，根据宗教文字的指引，人们可以断定的一点是，能够决定性地区分精神层次的肯定不是行为，而是虔诚的信念。精神崇高的人是可以肯定自我的基本能力的，这是无法追寻、无法被找到，也无法抛开的对象，有着崇高精神的人知道一点，那就是尊敬自我。

哲学的深刻性和人类精神的自由也是息息相关的，因为它是超越人类自身后发生的蜕变，那么哲学的深刻程度对于自由精神的发扬就至关重要。在尼采的眼里，假如哲学家的前身就是隐者，那么隐者不认为哲学家是真的在书里讲述了自己的最终观点，难道写书不就是为了遮掩自我内心世界吗？到底哲学家有没有最终的观点，哲学家挖掘出的每个洞穴之后还有没有更深的洞穴呢？看来每种哲学观点不过都是表面文章，哲学家们在这里挖一下，那里再挖一下，浅尝辄止，而且随机性十分强。这样看来，每种哲学之下实际上还隐藏了下一层哲学，每个视角都是有可疑之处的，甚至每一个文字都不过是面具一样的假象。因此，自由看起来就在前方，其实还远远未露真身，它的藏身之处竟然如此隐秘。可是哲学家真正在尽力吗？那些思想深刻的人总是担心自己被理解，倒是反过来不怕遭到误解，因为误解只不过损害了其虚荣心而已，而真正被理解的时候，就等于是伤害了他的灵魂和怜悯之心一样。

那么到底哲学家是什么人，到底应该如何去做呢？尼采给出了他的答案：哲学家的任务首先就是要亲自去体验，通过不断地经历事实来取得不寻常的感知，而且要经常去幻想一些不可思议的事情。他会将自身的思维看成一个较为特殊的物质，就好似闪电一样，从四面八方汇集而来，他的个体本身就宛如孕育着闪电的暴风骤雨，用雷霆之势影响着这个世界，四周的声音也一直在耳边回响。这样的人才算得上是哲学家，他一定是可以从自我中逃离的。

人在通往绝对自由之路的时候，一定要守护好自己的心灵，那掌管心灵的神祇要求所有大声喧哗和自以为是的人都沉默下来，一边还悉心地照料他们的心，让浮躁的灵魂冷静下来并得到治愈，让这些不羁的心拥有渴望平静的意识。这守护心灵的神祇，让人们学会怎样去把笨拙而匆匆忙忙的手停下来，学会如何灵巧地学习新事物；可以帮助人们领悟怎样去寻找隐秘的失落宝藏，去探测那冰层下面的很难察觉的神秘；这守护心灵的神祇让每个人都顿觉心理充实，也不会再为其他人的际遇感觉到丧气或感受到幸福，他的情绪将全部来自内部的心灵，就宛如春风吹拂，让冰雪也能瞬间融化。

那么，这个呵护心灵的神祇是谁呢，其实就是尼采一直宣扬的酒神狄俄尼索斯。酒神的哲学是深奥而难以理解的，蕴含着很多非同一般而且令人感到陌生的因素，需要静心去研习。而别的神祇是否也热爱哲学，仍然存疑，但是尼采对于大众对古希腊神祇的陌生感到遗憾，他认为这是一种文化的缺失。尤其对于酒神精神来说，这种超前的意识形态，在几千年前就已经涌现出来，却在当下无人理会。尼采觉得应该给酒神狄俄尼索斯一个荣誉而超脱的称号，来赞颂他的智慧、勇气与热忱。狄俄尼索斯对这种虚妄的称号有些不知所措，他觉得还是留给人类更好些，因为他们喜欢虚名，酒神自己宁愿赤裸着身体，不过反倒是遭到人类的蔑视，觉得这些神祇和那些哲学家一样不知廉耻！可是人类不知道的是，自由的精神正是生发于那原初的真实，任何的伪装、矫情、含蓄和虚伪，都不外乎是一种作茧自缚的行为，将原本生于大自然的自由的人性自我束缚起来，还美其名曰道德和文明。总之尼采的自由观主要是通过酒神精神来体现的，这种精神上的纯粹自由必将引领人类走向自身的超越。

点评：

尼采学说的核心是重视现世生命，并不断超越自我最终变成超人，其最终的目的就是要达成人生的价值和意义——绝对自由，这是尼采理想中的人类的最高境界。这种自由实际上就是克服了心灵缺陷、超越了人性桎梏的自由，这种自由超越了人生功利的羁绊、道德善恶的钳制。但是，我们要明确的是：尼采的超人哲学实际是一种反动的英雄史观，读者在这里是要清晰辨别的！

第七章　充满勇气进行自我批判

尼采认为，想要达到那种自我超越的境界，首先要进行的就是自我批判，只有积极地对旧事物进行大胆而富有勇气的批判，才有可能催发新事物的诞生。只有主动地对旧的自我进行批判，才能够完成自我的真正提升。尼采鼓励人们积极地为生命创造丰富多彩的体验，进而让生命本质上的力量得以增强，让生来较为弱小的生命体变得越来越强大，这样才有更多的内力来应对更为严酷的生存挑战，最终制服人生固有的悲剧性质。人们在破坏旧有价值系统①的同时，也会对其进行重新评估，并把个体的生命活力转换为强大的创造能力，从而塑造出新的价值体系，给本身没有意义的生存模式注入生机和活力，让它本身也具有特殊的意义。这就是人类为自身建立独特轨迹的过程，也是让自己心灵上的枷锁得到解放的独一无二的手段。

尼采批判精神的起始应该是从《悲剧的诞生》②一书中表达出来的，书中认为艺术并不是人类用以解脱自己的对象，而是运用其来对人生进行征服，这也是对叔本华的生命意志的升华，将其提升到了权力意志的高度，从悲剧的困难中寻求更高层次的快乐，将生命延续为永恒之美。而这本书的写作本身也是一个十分有意思的、较为深刻的过程，因为此书写成于普法战争期间，尼

①价值系统是若干套价值观（信念束）按性质、重要性联结成有功能、有层次的持久组织。

②《悲剧的诞生》原名《悲剧从音乐精神中诞生》，是尼采创作的哲学著作，写于1870—1871年，首次出版于1872年。

采在写作时也是百感交集、心情复杂的。试想，尼采自己置身于宁静的瑞士山谷中，而不远的地方正炮声隆隆地激烈交战，骄傲不逊且充满爱国热情的尼采可谓是如坐针毡，但是他本身的严肃内在又可以强迫自己静下来进行深远的思索。正是在这种复杂氛围的影响下，在外部环境和内在心灵的双重激发下，尼采记下了他当时对古希腊文化的思索，在针对古希腊艺术显现出的非同寻常的乐观精神里，他也陷入了重重疑惑之中。世外的战争在持续，尼采内心的搏斗也在进行，尼采的心绪逐渐地得到了理顺，从战争的激动与刺激中恢复了镇定，开始专注地进行《悲剧的诞生》的写作。他将思绪里所有一直萦绕不去的片段都整合起来，音乐和悲剧的关系是什么？希腊人为什么热衷于音乐与悲剧？悲观主义在古希腊的象征是什么？现在看来人格最为完美的、最具有魅力的族群，古希腊人，为何要尊崇悲剧的艺术？尼采进行了系统整理后，还是一如既往地从生命价值与意义这个起点进行推导，难道悲观主义就必须是衰落、疲惫和弱小的标签吗？可能在印度或是当时的欧洲人那里，确实是如此。但尼采不愿被表面的刻板印象轻松说服，他想要去探寻一种正面而积极的悲剧观念，这种观念偏爱生活中的困苦、恐惧、罪恶与疑虑等悲剧因素，但是目的确实是要从中获取幸福的感受、获得健康的意识以及得到更为充实的生存状态。也许确实有种苦痛是因为过于充实而导致的，也许确实有种不惧万难的胆量，对于未知和恐惧的渴望就仿佛是渴求着甘霖那样，目的就是要试炼自身的真正实力，并切身体验那种恐惧的氛围。尼采参透了这一部分，仍然不放弃地苦苦思索，在古希腊的极盛时期，为何热衷这种艺术，酒神精神到底象征着什么？从另一个视角来看，到底是什么毁掉了悲剧艺术，是鼓吹道德高于艺术的苏格拉底学说吗？还是让理论家的教条的辩证言论给毁掉的呢？而且，就算是人类的科学，所有的科学加在一起，如果从生命本身的意义来看，又能说明什么呢？那么，如果连意义都说不清楚，那我们的科学的前路又在何方？甚至更为可怕的是，科学不过就是在规避悲剧罢了，是在巧妙地从真理身边溜走。说得好听一些是人类本身的懦弱与幻想所导致，如果用十分尖刻的话语来描述，那就只能是狡猾了。尼采发现了苏格拉底本质上的保守与怯懦，对于生命价值的基本问题是根本偏移了的，没有自我批判的精神，只是进行表面化、形式化的道德说教，是无法实现超越自我的高层次追求的。

尼采的哲学是精神和心灵的学说，它和东方传统思想有类似的地方，都追求人和大自然的天人合一、物我两忘的原初体验，而对于冷冰冰的理性主义和功利主义的科学，尼采一向较为排斥，他认为那并不是人类最终要通往的方向。他首次把科学当成一种应被质疑的对象，就像一个战士一样挑战权威，虽然尼采是秉持着一种个人经验来论述关于对待科学本身的问题，但是他十分坚定地认为针对生命价值的解释一定要立足在艺术的角度，然后才是科学的层次。从艺术家的视角与口吻写成的东西，一般都带有一些反省的成分，并含有神秘主义的透视因素，拥有着青年人的无畏与忧郁之情。这种文章会充分尊重权威的观念，但也不是一味奉承，而是大部分保留了自我的独立意识，在清晰地分辨过程中保持着个性与革新。尼采也指出了《悲剧的诞生》的问题，那就是在写作这本书的时候尼采十分年轻，也犯了一些年轻人常犯的太过尖刻和遣词造句较为冗长的毛病，但是他对于自己的创造性还是比较自信的。因为毕竟得到了瓦格纳的支持和青睐，这本书就是题赠给瓦格纳的，后者也对书的内容十分满意，侧面地证明了此书的价值。尼采在十几年之后回首自己年轻时的作品，对于当时所表现出来的青涩必然是颇多羞愧，他甚至觉得这本书看起来有陌生的感觉。但是尼采至少可以十分肯定自己的一点，那就是他很早就提出了艺术凌驾于科学的观点，提出了生命与艺术的息息相关的联系。

希腊人与酒神精神是尼采学说里活的灵魂。这种十分考验语言描述功夫的研究，即使对于尼采这样的语言学家来说也是非常困难的，他自己也承认对这个领域的探索需要一定的勇气。但是尼采的决心是十分坚定的，想要自我超越，就需要带有无限的批判精神，研究神秘的古希腊文化，就需要解答酒神精神的问题，否则就像缠在一起的线团一样永远理不清。最终，对于酒神精神的由来，尼采是从希腊悲剧的起源来求本溯源，他在推导的过程中十分谨小慎微，用谦虚的态度来慢慢接近那个核心，这是因为他对希腊文化一直怀有敬畏的情感，而且关于心理问题本身也绝不是可以想象和臆断的。其中主要需要澄清的问题就是关于希腊人是怎么样面对苦痛的，他们面对苦痛是否敏感，在痛苦跟前是默默承受还是有什么反应行为。在痛苦的刺激下，他们是否也更为强烈地想要得到快乐与美。那么假如这就是真实的情况，事实上古希腊的伟大领袖之一伯里克利[①]或者是他们重视的历史学家修昔底德在他们的文字里早已做了证实。他们伟大的人民对丑恶的渴求，对悲剧艺术和悲观主义的向往，那非同一般的追寻邪恶和恐惧的强大意志力，都是从哪儿生发出来的呢？是从生活的愉悦与精神的充实里生发而出的吗？假如从生理的视角来看待呢？近乎癫狂的酒神精神与悲剧艺术都象征了什么？我们至少不能武断地认为癫狂就是退化。或许也可以从精神病的角度来进行分析，这有没有和某种并非病理化的神经官能症有关联呢？公山羊和神祇在萨提尔身上的合体是何意呢？有什么内在的刺激让希腊人更为善于创造？是什么引导了悲剧中歌队的形成？希腊人为何在他们最为繁荣昌盛的时候让悲剧成为了主流审美意识？而在他们逐渐变得衰败的时候，他们显得更为肤浅和幼稚，把注意力更多投入在了逻辑学上。那么，现代社会的乐观主义与功利主义大行其道，也是当下群体进入了衰败和老化过程中的预兆吗？

从这些互相并不矛盾但是看似和普遍价值取向相违背的问题上，我们可以看出当时尼采写作《悲剧的诞生》是承受着多么大的挑战。但是他也常会遗憾当时没有胆量使用其特殊的文字来表述其独一无二的视角，而当时仅是轻松地运用了已存在的哲学公

①伯里克利（约公元前 495 — 前 429）：古希腊奴隶制民主政治的杰出代表者，古代世界著名的政治家之一。

式，比如叔本华和康德的关于精神价值的新颖论断。叔本华曾在他的《作为意志和表象的世界》里说："正是在人类的认知层次的提升过程中，也让悲剧有了特别的意义，产生了一种独特的激励力量。这世界无法给生命完全的满足，因为缺乏让人怀恋的地方。悲剧的精神引领着人们听天由命。"但是，从尼采的角度来看，酒神所授意的并非这种消极的观念，那种听天由命的被动思维和尼采的风格不相匹配。尼采发现了他自己书里的严重缺陷，那就是他将自己时代的某些事物和研究对象的古希腊进行了混杂的分析，也就是说，当失败不可能避免时，尼采仍然在挣扎着！

尼采虽然是一名哲学家，但是他从小到大的丰富的学习和工作历程，让他得以广泛涉猎了诸多学科，如神学、语言学、音乐等，这些都对他最终投入深度的哲学研究起到了强大的辅助作用。音乐作为尼采的主要业余爱好，不光是一直陶冶和安抚着他那狂野的内心，还从精神层面启迪着他的思想，他在很多文章里都表达了自己对于音乐艺术的崇拜，这从他早期五体投地地崇敬作曲家瓦格纳就可见一斑。而且，作为一个爱国主义者，一个对于祖先血脉无比自豪和骄傲的贵族后裔，本身是对古典音乐，这一可谓是德国国粹的艺术十分尊崇的。但是我们也知道，尼采的反叛精神是绝对显著的，他可以冲破家庭教育的束缚，他可以在最崇拜的人跟前说不，那他同样可以对自己的灵魂寄托——音乐也进行无情的质疑和批判。他认为当时的德国音乐已经不配代表德国精神，这种精神在多年之前是可以主宰整个欧洲的，可是当下已然走到了穷途末路，而且在政府铁血政策的借口下一步步走向衰亡和平庸。这里可以从两方面进行分析，一方面是 19 世纪的德国音乐正从古典主义时期转向浪漫主义时期，风格也从深刻的思想内容与表现形式的完美统一向着强调主观情感的综合性艺术发展。这里的主观情感和尼采推崇的绝对精神并不是一个概念，尼采认为这种情感的表达更容易让人产生颓废而忧郁的消沉，让人无法振奋精神。尼采更喜欢接近神性的古典主义作品，因为它体现了一种更有力量的超脱精神。当然不得不说，当时作曲家三杰巴赫、莫扎特和贝多芬对音乐的贡献也是一大影响原因，至少拿尼采当时的音乐环境相比，也许只有瓦格纳可以和他们相提并论，且整个时代的音乐作品的质量都无法和古典主义时代相比拟，这是让尼采颇感失望的直接原因。他认为德国音乐已经彻底进入了浪漫主义的旋涡，那里汇集着全部非希腊的艺术体系，而且这种音乐会起到一种非常低俗的神经破坏作用，让这个本来就酗酒的国家更多了一层危机。这种危机是由两方面导致的，一是这种音乐可以让人精神麻痹，二是它可以让人在陶醉中麻痹。

从另一个方面来讲，尼采对德国铁血政权的扩张之路深感担忧，他认为从当时的情况来看，德国对所有其他的文明国家都是十分危险的。普法战争造成的生灵涂炭，让身处其中的尼采深有感触，他逐渐认识到这种铁血的国家文化不过是一种野蛮的原始文化。尼采还认识到：最高级和最强大的生命意志并不是直接表现于直观而渺小的生存竞争之中，而是表现于战斗本身的意志力上，表现于一种权力的构建和处于优势地位的意志力上。尼采对音乐和当时政治的批判都体现出了一种极为强大的勇气和反叛精神，他从不认为什么事物是一成不变的，也从不浅薄地从表象上去看待问题，对于他最为钟爱的德国音乐，尼采也不惜做出质疑和负面评价，为此他提出了到底何为真正的酒神音乐的问题。从尼采的潜台词和他平时最常演奏的音乐来看，应该暗指的还是他对回归古典音乐的一种理想；而对于当时的政治，尼采犀利地看出那风风火火的政治表象上面潜藏着对人类本质发展过程的倒退，那过于全面的胜利很容易把人的头脑冲昏，从而忘记了人类发展究竟应该做什么的问题，他担心的最终还是民族精神的退化问题。

无论如何，即使抛开尼采所有的哲学贡献，他的批判精神本身就是一种非凡的启示，他让我们知道了永远不要用僵化而教条的眼光去看问题，事物永远都是在不停地运动和发展过程中的，表象上美好的东西往往潜藏了它更为巨大的破坏力。在发现真理的路上，总是要克服人性的弱点，迎着不可避免的困难而上，而且，真理本身可能就是污秽和恶毒的，但这并不是我们规避它的理由，粉饰太平是无法让人类真正得到进步的。对于浪漫主义也是这样，尼采是比较排斥所谓现代性的，他认为艺术家在这里做出了表率，他们宁可相信虚无和魔鬼，也不愿意相信现在，这也是一种对所谓的现代主义[①]的仇恨和宣战。

查拉图斯特拉说道："这是必须要做的吗？"他接着说："其

①现代主义：19世纪末兴起至20世纪中期，具有前卫特色并与传统文艺分道扬镳的各种文艺流派和思潮，又称现代派。

实不然，你们都不过是一些年轻的崇尚浪漫主义的人，这也不是非要去做的事情。可是所有的事情都是可能会结束的，也包括你们在内，随即获得一些安慰，就犹如我所写的一样，拒绝做所有可能会让自我变得严肃与恐慌的教育。换句话说，就好像浪漫主义者按照基督教的形式来结束，但是你们还是应该先把世俗的抚慰学会，要先知道怎么去笑，或者你接受去做一个悲观主义者。因此，要处于快乐的境地，需要将形而上学给抛掉，或者是按照酒神的精灵查拉图斯特拉所说的那样：兄弟姐妹们，让我们的士气和精神鼓动起来吧！不停地向上前进，别把自己的两条腿给忘记了！充分利用好你的双腿，人天生就是舞动的精灵，假如可以再坚强一些就好了，把那欢笑的皇冠和玫瑰花环做的皇冠戴在自己的头上，告诉你们我的笑十分神圣，我也从来没看到有谁在这个上面比我还强。那舞动着的查拉图斯特拉振动着翅膀，指挥着群鸟们准备展翅高飞，他是个开心的粗心之人……查拉图斯特拉是一个开心的预言者，他是一个永远也不会烦恼的人，他也不会顽固坚持自己的看法，他只喜欢蹦蹦跳跳的生活。我把皇冠给自己戴上，大家，皇冠也会扔给你们。我现在说，这神圣的笑声，都来学习我这笑声吧！”

这段话出自《查拉图斯特拉如是说》，可以看到尼采是多么喜爱那原初的幼童的形态，一方面他厌倦了世人的那种道貌岸然、故作深沉的姿态，一方面他深深地明白想要让人类改变、进步，最直接的办法就是打破当下的陈旧状态，在无情的自我批判中得到自我的提升，并进化到高一层的精神层次中去。这里的自我批判甚至都不需要任何理性，只要是厌弃了的、世俗了的、陈腐了的，就要一律进行摒弃，让新生事物有机会浮出水面，崭露它的头角，让自身的充满腐烂气息的东西也剥离掉，给自己继续成长的机会和机遇。本来尼采的对于人类发展规律的认识是有其正面意义的，但是从他的表述上来看，多用诗化的语言来进行描述，给人一种较为极端的感觉，好像对旧世界就是要毫无理性地去破坏。读者朋友在阅读这些章节时也应带有主动辨别的意识去看，切勿被表象引入错误的观点。但是，无论如何，尼采用他的精彩纷呈的语言，给我们呈现了一个活泼而可爱的、朝气蓬勃的幼童形象，似乎让大家看到了人类的光明未来，让大家心中又充满了希望。不可否认的是，尼采的哲学里似乎同时显露出他的极为人性的一面和较为不人性的一面，前者的他积极承认生命的现世性，鼓励大家寻找当下的快乐体验，同时还提倡回归初心去做自然的人；而后者的他又喜欢主动去拥抱痛苦，因为那不可回避，要从痛苦中完成生命的超越。其实，这两点看似矛盾，细细品味又是有关联的，相辅相成的。尼采的这种感性极强的哲学也必须是他这样的语言大师才能建构起来的，因为他的思想本身就较为玄妙，需要从意境中去进行自我体会。这也造成他的哲学很容易被误读，甚至被加以利用，尤其是 20 世纪中叶爆发第二次世界大战的时候，其思想就被德国法西斯无端篡改和利用，无意中成为纳粹的帮手，读者在研读此类论文时也需要加以辨别地去分析和研究。

点评：

尼采认为，唯有进行自我批判才能达到超越自我的境界，只有积极、大胆地对旧事物进行批判，才能促使新事物诞生，只有主动批判旧的自我，才能真正实现自我提升。人们一边对旧有价值体系进行破坏，一边对其重新评估。他深深地明白想要让人类改变、让人类进步，最直接的方法就是破除陈旧的状态，在自我批判中提升自我，让精神层次得到进一步进化。

第八章　真挚而诚恳地对待朋友

尼采的一生，无论是其思想还是生活历程都处于矛盾交织、不断转换的过程之中。在交友和社交方面也是，青少年时期的尼采少年老成，从小就喜欢深入地思考问题，从没有考虑过关于交朋识友的问题。直到进入了大学，才为了不显得太特立独行而加入了社团，但是事实证明那种虚头巴脑的酒肉朋友是他所不能接受的，那种只图感官享受的交际场所也是令他嗤之以鼻的。再后来遇到了瓦格纳，尼采在他的宅邸真正感受到了友谊的甘醇，了解了什么才是朋友的力量，可是和瓦格纳最后的决裂也让他的心深深受到了伤害，这深深打击了他在沟通交流上的自信心。

在他的文章里，他如此写道：“我面前是那最终的巅峰，我正面对着这最后的巅峰，我一定要攀登到这最难的山巅上去！从现在起，我要开始我最为孤单的前程了！”但是，睿智的尼采懂得人际的道理，人的本质虽然是自然人，可是肉身是要生活在社会中的，人最终表现的还是社会人。人在社会中混迹，是不能没有朋友帮助的，也不能没有朋友的交流和沟通，否则就无法活下去。但是他的朋友交往和世俗的酒肉朋友终究还是有很大差异，按照他自己的话来说："你要去多跟人对话，不是那种日常的闲扯，而是谈一些对双方都有启发和帮助的东西，至少一定要真诚，在和朋友的真心交流中才能够迸发出火花，在朋友这面镜子的反照下才能够更为了解自我。"

尼采在很多文章的只言片语中都体现了交朋友的一些原则与策略。比如说交朋友首先是要当对方为朋友，要从内心里尊重他，而不是仅仅把对方当作可有可无的闲聊对象。而且交朋友交流的是心、是品格，而不是表面上的臭味相投、推杯换盏，尼采认为交朋友是需要有一定目的性的，但也要没有目的。这听起来似乎有些矛盾，其实不然，有目的是提升互相层次的目的，是精神上的有目的，而没有目的是在物质上、感官享受上没有目的，是现实中的没有目的。也就是说交朋友贵在以诚相待，良言忠告更需要以诚为本，毕竟谁都不愿意和一个虚伪之人称兄道弟。但是如果总是不加以区别地一味诚恳，是否反而会让自身陷入危险中而不自知，甚至让自己变成一个傻乎乎被人利用的人呢？因此尼采认为真正的好朋友是同甘而不是共苦，只有能够愿意分享甘醇，才是真正可以信赖的人。同时，交往的双方一定要注意嫉妒和自满这两个魔鬼，人性里总是住着阴暗的怪兽，要警惕它们的发作。

一旦有疑问的时候，作为好朋友就要把问题面对面地指出来，而不是在背后议论和抱怨，人在背后的嘀嘀咕咕是非常伤害感情的，况且对方又听不见，又如何能够得到改进呢？可是，一个人真的有当面指责朋友而不怕得罪人、不怕撕破脸的勇气吗？一个人真的具有既清楚指出朋友的问题所在，又不在语言上伤害对方的智慧吗？不论别人如何，尼采必然是如此躬行的，他对于自己的半生知己，自己尊敬的老师，也敢于就事论事地指出对方的问题，即使知道对方会因此而不快，他也绝不姑息和纵容，甚至就因为是朋友才更要直言不讳地指出对方的问题，让对方不会一错再错下去，也就是说宁可惹对方生自己的气，也要敢于给对方指出错误。既然是出于一片赤诚之心，就不必为自己是否得罪人而患得患失。即使是让朋友留下心理的阴影又怎么样呢？那总比看着他一错再错，越陷越深到最终无法自拔要好得多吧？可是，尼采也不忘自我反思，扪心自问是否会因此而理直气壮地变成一个自以为是、锱铢必较、完全不顾及他人感受的人呢？

在经历了人世的各种变迁，经受了沧海桑田的纷扰变幻后，尼采发现最终留在自己身边的都是那些最为经得起考验的人，他们才是真正忠实的朋友。在人生的最后几年，尼采才真正看清了什么样的人才可能成为一生的挚友，他也格外珍惜那种情比金坚的情谊，也建议我们要珍视那些可遇而不可求的真情。在这里，尼采也总结了一些交友的箴言，比如说在真正的朋友跟前，要把对方看成和自己一样，甚至要超过自己的价值，也就是尊重对方更多于自我。其实就是要用心去爱护对方，并把关心自我的优先级排在关心朋友的后面。在和朋友交往时一定要拿出最为温暖的态度，让对方感受到春天一样的温暖。这里，尼采强调的都是全心全意，拿出诚意来交友，因为那很可能是一生最好的财富。但是他也提出一个求同存异的问题，那就是和朋友的关系再密切，那都是感情上的密切，在学问和观点上是不能一概而论的，也就是说面对真理是可以六亲不认的。只有那种双方都可以保留自己想法和态度的朋友，那种双方都不用强势来压制对方的朋友，才能够和谐而长久地在一块儿交往。

真诚是尼采一直十分重视的关键词，其实他所有的哲学都是基于真诚这个概念的，看破表象是要回到纯真的初心，锤炼心智要的是真诚的目的，人性需要拿出真诚的意念来洞悉，自由的精神也是要真心突破自我以后才能达成。因此，尼采在交友上也将真诚二字放在首位，真诚首先体现在交友初衷上，一定要是互相在理念和性格上互相吸引的自然而然的友情组合，倘若是为了什么现实而功利的目的去交往，那必然就会显现出违和的感觉。比如说，两人虚头巴脑地装作十分亲密，互相假笑着套近乎，还刻意地经常互相联系，这是多么尴尬而可笑的场面啊，这压根就是没有信任可言，也绝不会长久。真正情投意合的、纯粹精神上的朋友，是不需要任何曲意逢迎的过场来辅助的，他们也不会故意去营造什么亲密无间的假象，不知道内情的还会以为他们之间有什么生分的事发生呢，其实这是好朋友最为正常的状态，就像中国传统的说法“君子之交淡如水”那样，就是淡淡的，以内心世界的交流为主，摒弃装模作样的虚套。

尼采认为人应该多交诤友[①]，少交酒肉朋友。年轻人是否能够有作为，和他们早年结交的伙伴有莫大的关系，因为青年人本身就比较容易轻浮，倾向于骄傲和自满。尼采觉得这恰恰是源于他们贫乏的内在，越是没有什么还越觉得自己富有什么。而且，他们的水平虽然参差不齐，但是大抵上也就处于半斤八两的能力层次，互相之间觉得旗鼓相当，似乎就一起站在世界的巅峰，这世外再无须要去超越的人和事了。在这种互相吹捧的友谊圈子里，大家都陶醉在自我虚幻的想象空间里，在飞逝的岁月中浪费着珍贵的、一去不复返的青春时光，这种损失在当时感觉不出来，等到白了少年头时就会追悔莫及、悔之晚矣。因此尼采建议大家一定要突破那种看上去很好的舒适区，去找让自己不舒服的诤友。这种朋友本身就拥有一定的能力和建树，他们的眼界和责任感不允许周围的人浑浑噩噩地鬼混下去，会勇于给朋友提出不足之处，如果发现自己的朋友头脑不够冷静，也会十分果断地泼上一盆冷水，因为他们为了朋友好，并不怕成为亲友针对的对象。有了这样忠实而又可以时刻提醒自己的人，就能够充分地让自己的自大情绪降低到最低标准，能够让自我常常保持在冷静而低调的状态下，从而更为踏实、谨慎地去学习、工作和生活，更为坚定地朝着自己的目标砥砺前行。

但是，同样要注意的是，直言不讳并不等于可以无端地侵犯对方的私人空间，再亲密的朋友关系也要注意距离。朋友有规劝

①诤友是指能够直言规劝的朋友。

和提醒对方的义务，但却没有干涉他人私人事务的权利，这样的朋友表面上看是为朋友着想，事实上是个人控制欲的一种侧面反映，想要把自己的意志强加在别人的身上，把自己的快乐建立在别人的郁闷之上。这样的朋友其实并不是真正在为他人着想，而是假借着交朋友的幌子去释放和满足自身的欲望而已。因此，尼采也规劝我们在为朋友考虑和提建议的时候一定要注意距离和空间感的把控，不要觉得自己是对的就一味地强迫对方怎么做，这样不仅不能让对方心甘情愿地接受自己的观点，还可能会造成一定的逆反心理，更不利于问题的解决。反过来说，朋友之间也不宜过分敏感于说辞的犀利或尖刻，要善于判断对方的动机，假如对方是真心为自己考虑，那么即使态度强势一些或是语气说得重一些，都是可以接受的。也就是说在和任何人打交道时都要尽量从好的方面去想别人，这样我们就更容易放低自己的身段，更容易从内心接受对方的想法，让沟通交流更为顺畅和有效。尼采在这里强调的就是信任的问题，信任首先就是要拿出自己的诚意，放下怀疑的心理去接受对方，在互相充满诚意的交流氛围里取得更为理想的沟通效果。而且，就算是我们确实看出了对方有什么不善的意图和想法，也没有必要马上给予回击，我们对待别人需要多一些宽容的心理，毕竟人都是有血有肉的，都是有一定局限性的普通人。我们完全可以在看穿了其动机之后还保持淡定的态度，给对方留一些面子，这种特意保持的迟钝状态其实是一种人性化的关怀，它不能被看作是对朋友的虚伪，而是希望给对方留更多机会的表达。

尼采从交友之道也推己及人地谈起了婚姻的基础问题，那就是友谊从来都是婚姻的基础，没有友谊的婚姻是无法美满的。这一点我们可以从尼采对瓦格纳的夫人柯西玛的倾慕之情里略窥一二。尼采一生未娶，甚至没有过一次真正意义上的恋爱，但是却建立了许多伟大而真诚的友谊，他以实际行动证明了自己对于友情的珍视和依赖。而且他也从个体成长的角度进行了考察，他发现儿童时期的友谊是最为纯真和牢固的，小孩子之间的交际都始于纯洁的友情，互相在一块儿玩乐、开心和吵闹，他们在最真实的生命体验中巩固和积累着相互的情感。这种刻骨铭心的感情就算是到老年的时候也可以深植在记忆之中，就算是两人相隔天涯海角，也不会忘记那段纯情的日子。因此，尼采也推断出了友谊在人际交往中的价值，那就是友谊是所有关系的基础，没有友谊的交往是空洞而虚假的，是没有价值和意义的。再回到婚姻的视角，尼采将婚姻看成是一种特殊的友谊，是男性和女性之间形成的友谊的独特形式，也是男人和女人之间友谊的衍生物。据此，尼采也进一步地推导认为，婚姻的质量是可以经营和控制的，因为它的基础是友谊，只要按照经营友谊的谨慎与关注去对待婚姻，就可以获得长久而美满的家庭生活。同时，夫妻双方都有责任去用维护友谊一样的热情来维护婚姻，不要将婚姻想当然地认为是可以随意对待的，而应把它小心地供养起来。

在《查拉图斯特拉如是说》里，尼采也借查拉图斯特拉之口讲述了关于友谊的事情，隐士在思忖着：“我的身旁总是有个人处在多余的位置上，从原本是一个的，变为了两个。”我也经常思索着，假如没有了朋友，该怎么样才能忍受呢？那位隐士总是希冀着假如有一位朋友可以帮助他开发其深刻思想的话，那就十分理想了。每个人都有自己的独特信仰，而所有人对于友情的需求也恰恰是对自身缺陷的暴露。所有人都在用爱压制着嫉妒的情感，这样做其实也是为了掩盖自身的缺陷。当你尊重一个人的时候，甚至不会去要求友谊的基础：“我愿意你做我的敌人！”假如某人是想交朋友的，他就会为了朋友去战斗，用自己所能去和朋友的敌人战斗，同时还要足够尊重朋友的敌人，对于自己的朋友，他不会过于黏腻，而是亲近到一定程度足矣。朋友和敌人有什么区别呢？朋友也可以是敌人，你在抗拒他们的时候也是在靠近他们。人们需要朋友，可是又怕太暴露了遭到伤害，因此太多的人怕自己和朋友赤裸相见。可是，假如你成了上帝，你倒是会为一丁点儿衣饰而感到惭愧了！那修饰和人设不应该太过光鲜，那会让朋友望而却步，你要成为朋友的希望所在。你是否看到过你自己的朋友昏昏欲睡的样子，那时候你就可以看清楚他了，那也是你自身的模样，那也是你的缺陷与瑕疵。倘若你因为看到朋友昏昏然的模样而失望的话，那就让他给你自身做一面镜子，你就会自然而然地明白了不断去超越的内在需要。你也不用看清楚朋友的所有内在，你的责任是要在朋友意识清醒时给予建议。这是因为，你所能给的和朋友所需要的不一定一直都是匹配的，你认为朋友在某个时段需要同情，可或许他就是喜爱你的冷冰冰的态度和淡淡的神情。这是一种默契与宽容相融合的智慧，把对朋友的爱控制在不刺破对方的程度下，那才是关照且美好的。人们需要互相帮助解脱，因为自己往往不好将自身的镣铐解下来，那么你能成为朋友的解放者、能为他提供他所需要的面包和氧气吗？假如你本身就是一个奴隶的话，你就不适合成为朋友，倘若你是一个暴君的话，你也无法得到朋友。漫长的时间证明了，女性的内在总是深藏着暴君和奴隶，因为女性不明白友谊的真谛，她们只会去爱。可是，你们说女性不明白什么是友谊，那么男人里面谁又明白友谊的真相呢？

在阐述了交友的一般道理后，尼采又将问题上升到了究竟该亲近什么样的人上来。他认为与其卑微地给邻居讲些顺心话，违心地去迎合对方，不如把心交给更为远一些的对象。尼采觉得人还是要去爱一些遥远的人，所谓遥远的人就是超越了身边和自己差不多层次的人。那些遥远的希望要比身边的习惯更有魅力，为何不将自己的爱给那些吸引你的人，而是怯懦地在陈旧的圈子里混迹？尼采希望人们常常反思自我，从习惯的温床里站起身来，燃起主动创造朋友的热情。那满足于平常聚会中推杯换盏的人，不过是习惯了那带有过多演习成分的虚情假意。尼采不愿意像心灵鸡汤的灌输者那样教人们怎样去爱邻居，而应学习怎样去结交真实的友人，让伟大的友情本身成为自己的盛大聚会，并在这种精神盛宴上去启发自身的超人力量！

查拉图斯特拉呼唤着诚挚而忠诚的友谊：“我要告诉你们怎

样去用诚挚的心交朋友，用诚挚的热情交朋友，假如想得到真正的爱，就要懂得如何将自己变为海绵。我要告诉你们如何才能和那种内心怀着完整世界、外在也亲切踏实的人做朋友，只有拥有创造精神的人才能时刻准备着供奉其完整的世界。”查拉图斯特拉也这样说：“不用去爱你身边的昏昏欲睡的人，要去爱那远方和未来的超越之人。勿要被那种‘不要脱离人群，因为你属于人民’的话禁锢了头脑，就算那话语在脑海嗡嗡叫个不停，内心的意识还是要响彻着‘我不愿意跟你相似’的愿望。这是一种被集体意识所累的痛苦，你心甘情愿走那条特立独行而且充满了艰难险阻的道路吗？那就去充分显露你不凡的力量与努力吧！”但是，如果人的欲望过于膨胀，又会产生浮躁的心绪，人总是希望这个世界围着他转。可事实是，你越膨胀也就越显现出你的空虚与无能，就宛如那鼓起来的风箱似的，太膨胀的野心总是让你处于不安的激动之中。你要真正找到你自己的路，你自己所爱，以及能够和你并肩前行的伙伴，而不是仅仅摆脱了某种束缚。可是令人十分痛惜的是，很多人在表面上摆脱了精神束缚，可是那空洞的解放不过是对最终价值与意义的抛弃而已。

点评：

尼采在交友观上也有着自己的观点，比如说交朋友首先要把对方当成自己的朋友，要从内心尊重他，而不是仅仅把对方当作可有可无的闲聊对象，而且交朋友交流的是心，是品格。在人生的最后时光里，尼采知道了哪些人可以成为一生的挚友，他非常珍惜这些情谊，因为只有那种求同存异的朋友，那种不强势压制对方的朋友，才能成为长久的朋友。

第九章　不断学习可以充实心灵

尼采的一生都是在不断地学习和成长中度过的，他的超越自我的学说从根本上讲也是通过学习这一实际行为来实现的。一方面学习是走上超越自我这条路的必然性，另一方面在超越的过程中学习也是重要的提升内心与精神的方法。尼采认为虽然痛苦是无法避免的，但是可以在接受痛苦的同时欣赏那种侧面的美来缓解痛苦本身的消极因素，更可以通过营造快乐的事情让痛苦的过程得到根本性的抵消，而这种快乐的事情中十分重要的一面就是学习。尼采相信学习可以让人快乐，他一生的学习历程也印证了这一点，不光是学习过程的愉悦，学习到任何的知识与理念都能够让心灵得到犹如接受雨露浇灌一样的满足，尽管人在学习后得到的愈加丰富的见识与理解能力会让自身认识到更多程度更深的痛苦，但是比起蒙蔽和无知所带来的负面效应，那也算不得什么了。人们在不断地学习过程中，会逐渐感觉到灵魂在一点一滴地被注入活力和正能量，这种快乐的体验是无论什么事情都无法比拟的。

尼采认为不学习就无法提升自己的眼界，无法纠正自己对世界的错误认识，无法增强自己了解世界的手段。比如说，泉水自身有好多种流淌方式，有的是一点一滴地流淌，有的是慢慢地细水长流，而有的则潺潺地川流不息。不懂得泉水本质的人，就会表象化地依据水量的多少来确认泉水中所含矿物质的价值，而通过学习有所了解的人，就会依据其他的因素来测定其中所含物质的成分。一样的道理，尼采认为人类不可以只被世界的外在假象所迷惑，不能够只满足于对外观和形式的了解，要通过学习提升自身的各方面能力，尤其是认识和分析问题的能力，只有这样才能够拥有一双可以看穿事物本质的价值与意义的法眼。

尼采一直都坚持要不断地更新对于自我和世界的认识，要去努力革新关于善恶标准判定的伦理价值理念。因为任何事物都是在变化发展过程中的，世界上没有静止不变的东西，我们对任何物质对象和思想观念的认识都需要时时更新、与时俱进。人类的伦理道德也有着同样的道理，在时代前进的车轮隆隆作响地向前时，伦理价值的标准也在悄然变化，这都需要通过不懈的学习和研究来跟上时代的步伐，从而做出正确的分析和判断。在古时候，人们认为只要是和传统习惯不相符合的东西就是恶的，他们觉得那种超越了阶级本分的、很难预知的、没有功利效用的或是看不透弄不明的物质就是恶的，如果用这种标准来判断，那么现在发生的大多数事情都是古人所无法容忍的，会被他们看成是大逆不道的事情。这其实就是思想进化的过程，也是超越的一种形式。尼采认为对古人的研究并不是要移情到他们的道德标准上去，而是一种换位思考，可以对当时的现实情况有更为直观的了解，但是并不是说要我们在研究古人的时候连当下自我的观点也一同改变。

尼采认为人的创造力和想象力也不完全是依靠与生俱来的天赋的，而是需要丰富的生活经验的不断积累，通过不断地感知与分析，学习到相关的经验，从而使想象力得到可观的提升。同样对于道德标准来说，人们也是需要时间来进行充分感知后才有发言权，当然这种发言权是需要通过学习和归纳的提炼后才能够真正具有的，也就是说知识是感知的基础。从这一点可以看出，就算是学习一些表面看上去没什么用的事物，它们本身具有的价值也足够让我们受用终身，因为它们就是生活的一点一滴的基础，可以被灵活转化为我们的实际能量。

在学习的方法上，尼采专门对阅读这个环节做了自己的表述。阅读是学习一切知识的起始步骤，是获取智慧的起点，没有阅读也就不存在之后的分析、思考和提炼的过程。尼采建议我们在读书的时候千万不要沦落为那种庸俗而糟糕的读者，那种自欺欺人的读者活像是战争中肆意掠夺的士兵一样，他们阅读不是为了采集蜂蜜，而只在那里搜刮适合自己的、拿来就用的东西，然后毫不在意地把那些内容拿过来据为己有、现学现卖。这还不算完，他们还将书里的一些东西进行断章取义的理解，并发挥到自己拼凑和臆造的论文中，俨然就成了自我的非凡创造。这种行为不光让阅读失去了意义，让原书失去了价值，更因为据此所创造出来的衍生品缺乏对真实性的证实而毒害了其他的学习者，流毒不浅。因此，看什么书对于每个人来说都是十分重要的选择，因为书海茫茫，真正符合每个个体独特成长需要的书却相对较为稀缺，难以锁定。尼采认为，最需要去阅读的书籍是那种可以提升或改变自己对世界的总体认识与看法的书。这些书可以把我们的思想放飞，飞到世界的另一端去，它们能够让我们的精神得到非同一般的净化，让我们产生丰富多彩的视角。

对于读书的选择，尼采也有着十分具体的倾向性，他从小就喜欢古希腊文学，对于古人的智慧顶礼膜拜，因此他认为阅读人文经典对任何人来说都是受益匪浅的，因为它有一种引领和超脱的作用，可以把读者从当前的现实羁绊中带离，跳出当下的精神禁锢，并进入一个完全新颖的世界里，让思想和灵魂都得到升华，进入到另一个世界去体会和思索。不过，这并不代表对现实社会的脱离，当你从书本那绚烂的氛围中又重回现实的时候，就可以自然地通过对比来更为清晰地看清楚当下社会的全貌，并得到一个整体上的综合看法。在这种较高层级的精神催化下，我们才更有可能产生新的想法和观点，并将这些新东西运用到现今的生活中。

但是，尼采也一针见血地指出，学习和阅读是可以让心灵成长的，但是过程的质量非常重要。能取得什么样的效果，看的不是绝对的时长，而是学习过程中是否进行了积极的思考和反思。只有在领悟的基础上，才能真正让思维得到提升。但是，这种体验也不完全是纯粹有益的，有时候可能会带来负面效应，因此需要学习者不断地纠正自己的认识，不要被书本里的字面意思所误导。此外，反思和体验的过程还要有一个持续性和完整性，有的学习者恒心不够，总是浅尝辄止，一本书看到一半就因为懒惰或是分心而半途而废，这种做法的后果就是很可能没有完全获取书里的概念，缺乏对整体的把握而无法领悟作者的真正思想，甚至是得出反向的错误结论。

对于学习的目的，尼采从来都认为不应该是功利的，而应该是仅仅为了体验心灵充实的愉悦而进行的。他还对现实中的人们为了虚名浮利而学习和工作的现状感到深恶痛绝，明白大多数人都是为了具体的现实目的去学习和工作，而对学习和工作本身丝毫不感兴趣，只要给他们的酬劳足够丰厚就心满意足。不过，还有一部分人并不是全为了现实利益去做事的，他们对于工作选择的标准就相对较高，这里的高不是酬劳的高，而是要能够符合他们内心需要的高，是要让他们感兴趣的、有一定精神层次的高度。举例子来说，艺术家和各种各样的从事思考工作的人就属于这一类，他们看上去无所事事、不务正业，把日常的生活都用于四处云游和冒险这类事情上。但是他们也是在不断对抗困难和麻烦的过程中进步的，其中也蕴含着诸多的趣味，假如需要的话，他们也勇于接受最为艰险和富有挑战性的工作。而从另一方面来说，他们的勇气能够从另一个角度来显现，那就是他们的当下状态也许是贫穷而卑微的，可是这并不足以成为扰乱他们心智的原因。这些高尚的人也从不会忧虑工作的千篇一律和无聊，假如可以通过这个过程来取得生命中的某个成功，他们乐意去体验更多枯燥无聊的东西。无聊这个关键词在不同的人那里有着不同的反应，对于创造力强的艺术家和哲学家们来说，这些人的非同寻常的头脑可以让令人不快的无聊自然地转化为愉悦，他们的从容和淡定的心绪决定了他们可以做到。这也注定了只有这类人才能享受到这种独特的快乐，他们甚至可以把无聊本身给驱散，因为他们都已经习惯了那种状态，具有了超强的驾驭精神的能力。尼采也从这一点上看到了东西方人民的文化差异，那就是来自东方古老国家的人民具有更为谨慎而踏实的性格特征，而工作本身也需要非凡的耐心才能完成，这和他自身所处的人的品性普遍较为激烈的欧洲是大相径庭的。从这里我们可以看出，尼采不光是在思想上和东方哲学家有着神似的地方，他本人其实也是东方智慧的尊崇和追随者，这点可以说也是受了歌德的一部分影响。

在学科上，尼采虽然精研过神学、语言学和哲学等诸多学科，但他最为钟爱的还是艺术学，这也是他寄予了厚望的领域，他认为只有艺术可以引领着人类走向未来。在艺术的学习与研究上，他较为重视其内容的表达，对外在形式不是那么注重，因此和心灵与内涵联系更为紧密的音乐艺术也就成了尼采最为尊崇的领域。他认为那些表象和形式上给人光线感受的华丽剧场或是琳琅满目的画廊无法孵化最为精髓的文化，那些精巧的道具和冰冷的技术对于建立深厚的文化基础并无突出贡献。在批驳了肤浅的形式主义艺术观之后，尼采提出了关于艺术学习与实践的优劣标准，那就是要以心灵为杠杆，人类需要的真正艺术是具有深邃内容的、可以启迪灵魂的作品，可以让心灵真正得到充实和愉悦的作品，这也是艺术的特殊使命。可是，那些高高在上的官员与只知道追逐利益的商人的所谓致力于文化艺术的发展，追求的不过就是表面的浮华与虚荣，这样的结果可能十分损害艺术本身。尼采十分担忧那个时代的艺术观，人们倾向于把艺术当成是一种现实对象或是仅仅作为取乐的手段，他对于这种肤浅而急功近利的思想是深恶痛绝的。

尼采一生的学习都十分强调自主性，他从不受制于僵化教条、照本宣科的教育。他质问着："难道必须要找一所好学校才可以获得一位好老师吗？然后自然而然地就可以得到良好教育吗？果真如此吗？"这个问题其实非常适用于当下中国国内比较明显的应试教育问题，父母为了孩子的教育绞尽脑汁，但是他们真正做的无非就是给孩子寻找好学校，挤破了头想让孩子进入一个所谓有前途的学校，可是那就真的是孩子所需要的教育吗？尼采给出了他自己的答案，那就是无论什么学校或是什么老师，教育的成功与否都不能以功利主义的分数来决定，也不能以孩子将来取得什么样的成绩或是学历头衔来决定。真正成功而良好的教育是可以让孩子将自身的潜力全部发挥出来的教育，或者说是那种可以让孩子的心灵活力得到充分施展的教育。因此，最好的老师当然和来自什么学校没有关系，英雄不问出处，只要能帮助孩子最大化地发挥其自由精神并散发出无限活力的教育，就是最成功的，也是最适合的教育。

尼采还引用了古代希腊的繁荣昌盛这一事例来给当代的教育

者作参考。在那个历史久远的年代，文化与艺术高度繁荣，这并不是一个偶然现象。尼采通过研究认为，古希腊人取得那么大的成就主要源于他们在学习上所保持的深入性和彻底性。也就是说，他们不仅在广度上去粗取精、兼收并蓄，广泛地吸取来自各国的精髓思想与文化养料，并和本国的文化相整合，而且在深度上对各种知识与智慧进行积极的消化与吸收并使其成为自身特质的一部分。要做到这点，就要进行大量的学习，进行内化[①]式的学习，也就是在思想观点上将习得的思想和观点与自身协调一致，将新习得的思想跟自身原有的观点或者信念整合在一起，构建为一个统一的认识体系。其最大的优势就在于，这种认识体系是持久的，而且已经成了个体人格不可分割的一部分。这种思想确实对教育产生了积极的启示，现代教育对于内化过程也非常重视，其实就是对智慧本身的重视，而淡化对现实利益的关注。因为社会真正的发展是人的精神的发展，生命的最终价值就体现在心灵层次的提升过程中。

尼采是一名神童，一名天赋异禀的天才儿童，但是他的成功靠的不是天赋，而是甚于一般常人的努力。用一句通俗的话来描述就是：世界上最可怕的事，就是比你优秀的人，比你还要努力。尼采通过考察也发现，确实有很多天分极高的人，在青少年时代有着出众的头脑，可是进入青年时代就泯然众人了，这些本身有能力的人却一生碌碌无为。这其实就是过分相信自己与生俱来的能力而忽视了后天努力的结果，这些人不太相信恒心的重要性，做事情没

①内化是将看、听、想等思维观点经过内证实践，所领悟出的具有客观价值的认知体系。内化通过“同化”和“顺应”两种机制来完成。

有耐心。他们的潜意识里觉得什么事情都轻而易举，在同龄人跟前过早体现出的优势，让他们觉得不用付出就可以得到收获，当真正遇到困难的时候，这些人往往会轻易地放弃，最终做不成大事。这样看来，能够将事情给做好的，不光是天赋和技巧，还有很重要的一点就是耐心与努力，要有坚持不懈做到底的勇气和毅力。

只有拥有了这种坚定的信念，才有可能向着自己的理想和目标勇往直前地进取。理想常常是美好的，每个人都有自己的向往和理想，在头脑中构筑着自己魂牵梦萦的伊甸园①。可是理想和现实是有差距的，树立了远大的理想，还要用踏实的实干来逐步接近梦想。实干绝不是蛮干，需要开动思路，学习必要的知识，提升自我的智慧，来慢慢打通通往梦想的道路，否则梦想也只能是空想而已。假如总是一味沉浸在梦想里不能自拔，或是懒惰地不愿意去付诸行动，无限期地向后拖延，那也只能永远都远远望着那镜中花而已，等到白了少年头，悔之晚矣。当发现自己已经完全丧失了追寻梦想的机会时，那种悲哀与凄凉甚至要比没有理想的人还要沉重。

学习是一个循序渐进的过程，这是每个人都懂得的道理。尼采认为，它还是一个加速度起飞的过程。无论是什么学科，或者说不用限于某个学科，只要坚持不断地去学习，在持续累积知识的过程中，在前期较为枯燥的积累过程中，潜移默化地逐渐形成了对学习的兴趣。当坚持到了某一个阶段的时候，这

①伊甸园是地上的乐园，根据《圣经》记载，神耶和华照用自己的形象造了人类的祖先男人亚当，又用亚当的一个肋骨创造了女人夏娃，并安置第一对男女住在伊甸园中。

些熬过了无聊阶段的人会发现自身已经开始产生越来越强烈的兴趣了，外行人断然看不出这些人为何乐在其中，因为他们之间已经因为知识和智慧的水平断档而呈现出较大的差异。而且，由于这些潜心学习的人在学习心得上有一定突破，使得他们的认识能力也得到了升华，就算从事普通的事情，或是和他们专业领域无关的事情时，他们也比一般人更能看出事情本身的意趣与奥妙，从而更为享受做事的过程。总之，坚持学习可以让生命充满趣味性，让生活得到巨大的充实，对于掌握了这些妙处的人来说，他们的世界是绝不会无聊的，就好似那些在热带雨林做考察研究的学者一样，每天都充满了奇特的发现和惊喜，因此他们绝不会感到枯燥和无聊。

蜜蜂采蜜要广泛地吸取养料，但也不代表广度就可以决定所有价值。尼采从他一生的漂泊生活中得出了他自己的心得，那就是很多人颠沛流离了一生，才发现最美的花园就在自家的屋后。尼采认为真理其实存在于任何地方，只要有心，何处都可以挖掘出甘甜的泉水，那些浪迹天涯的浪子，其实就像那总觉得对方山上草绿的山羊一样，错误判断了形势，从而白白浪费了大好时光，将精力都用在了东奔西跑上，他们跑到了遥远的异地，最终要不背着空空的行囊回来，要不就是悲惨地客死他乡，多么令人唏嘘。尼采规劝那些心浮气躁的年轻人，勿要好高骛远，其实千里之行始于足下，踏踏实实地从脚下做起，从身边的小事做起，从点点滴滴的积累做起，这才是找寻梦想、充实心灵的正确姿势。

点评：

尼采认为人们在不断的学习过程中，会感觉到灵魂正在被注入活力和正能量，这种快乐的体验和充实的感觉是什么事情都无法比拟的。他认为缺少学习就无法提升自己的眼界，无法纠正自己对世界的错误认识，无法加强自己了解世界的手段和视角。而且，其实真理距离我们并不远，它存在于任何地方，只要有心，在何处都可以挖掘出甘甜的泉水。

第十章　在艺术的空气里获取力量

在尼采的眼里，艺术的地位是无限崇高的，尤其是音乐艺术，他认为是可以引领心灵抵达自由领地的一种强大力量。在酒神狄俄尼索斯的引领下，艺术可以让人陷入近乎疯狂而沉醉的境地中，这个时候也是最为接近永恒的状态。尼采也曾用惊世骇俗的论调指出："世界本身就是自我孕育的一件艺术品。"尼采通晓神学[①]、语言学和哲学，他对这些领域都有着相当的权威和发言权，他曾说过："这世界的宗教、哲学和道德都不外乎是人类堕落的衍生品，而艺术却恰恰可以被反过来认识。"而艺术哲学家可谓是更高一层的概念，他们可以在跟其他人保持十分遥远距离的状态下塑造那些人的灵魂。而且，很多对象并不是在艺术家的创作下形成的，比如某个组织或是机体。

①神学一词，狭义指称所有对神这个主题展开的研究或学说，广义指所有一切宗教神学学说。

艺术家是可以洞悉到较为强大且自然的力量的。艺术本身看似没有什么用，其实在本质上决定了人类的精神状态。尼采认为这世界的状态可以被分成酒神和日神两个方面，而艺术就仿佛是一个指挥所有的力量，将这两种情状的形式来作用于人的个体，不管这个个体有什么样的内在意志，都将无法摆脱这种控制。这两种情状可以发生在白天，也可以发生在梦里，或是发生在酒醉的状态，只是在不同的时段下可能会释放出不同的艺术力量，在梦里会释放关于视觉艺术的力量，而在醉里则会释放较为激情的感官艺术的力量。

当人处于狂喜的情状中时，比如处于醉酒、胜利、宗教活动、聚会或是性欲等状态中时，他所体验到的事物的内涵比平日里多了很多生动而丰富的因素，个体也宛如拥有了更多诗意，这是人的愉悦与欢乐的体现。其中，醉酒和性欲是最为重要的体现，它们也是人类最为传统的快乐之源，这在原初艺术家身上有所显露。这些生动而丰富的因素会让人身上的动物性得到激发，使人感到莫名的兴奋与快乐，这些复杂过程的综合作用就引起了人的审美状态的产生。这种状态一般只出现在个体的机体机能处于最为自然和有活力的时候，其首要的动力就是机体内部的自然活力。相对而言，意识清醒的人，身体上筋疲力尽的人或是缺乏情趣的人都很难感知，这源于此类人缺乏艺术的内在推动力量和内心的促进力，没有原动力也就没有动力。身体的本能就这样被揭示了出来，这种强烈的完满状态被奉为最宝贵和最富吸引力的对象，其背后显现的是本能的上升势头，其实这也就是本能所要努力的方向。而完满就是本能得到强烈满足的时候，是生命丰富的拓展，也是最终堤防被摧毁后的释放与溃散。

从上述描述中，我们可以看到尼采将艺术的力量比喻成为动物身上体现出的旺盛生命力，是非常富有激情和活力的对象，它十分显著地存在于表象和心灵的领域中。而反过来说，丑的对象在某种程度上也有着相似的作用力，也同样是艺术家可以表现的目标，这种可怕的主宰力量也一定程度地催发了人身上的残忍倾向。但是，尼采认为最终是美要高于一切意念的，这是由于美的东西可以克服所有对立的矛盾，它是一种绝对强力的存在，无须紧张感和暴力感的融入，人在美的面前只有俯首听命，乖乖屈从，这也让艺术家为此感到欢欣鼓舞。艺术产生影响的机制，就是一种创造和发现完满的过程，这也是大脑本质上拥有的功能。而且，所有体现完满和美好的对象，都可以产生犹如进入热恋情状一样的无意识的回忆。实际上，对于艺术和美本身的强烈追求也是对性的一种间接的追求，他将这种快乐的感受传入大脑，并使用爱的信息幻化出更为诗意的世界。

对于艺术的流派来说，如上文所述，尼采推崇古典主义音乐①，这和他自小接触钢琴不无关系。同时他对当时刚刚兴起的现代主义艺术极为排斥，因为他感觉那些疯狂的艺术家都脱

①古典主义音乐指18世纪下半叶至19世纪初，形成于维也纳的一种乐派，亦称“维也纳古典乐派”。以海顿、莫扎特和贝多芬为代表。

离了艺术本身的规律进行创作，过于歇斯底里是他们的本质风格。尼采所追求的看似疯癫和自由的超越状态，其实不过是一种自欺欺人的行为，不过是披着艺术的外衣进行的伪装，是在一种近乎病态的虚荣心的促使下进行的，而且就是那种一直处于高烧不退的虚荣，必须来点缓解性的药物才能使其冷静下来。现代主义的整个机制都是非常容易引起兴奋的那种直截了当，将生命的全部体验转化为危机，戏剧性则融化在了最为琐碎的片段里，这样可以让其被预见的可能性降低。他们的角色只是漫无目的地交汇着，有时候是这样，有时候变成那样，都带着十分无耻的傲慢感情。医生也觉得这些意志散漫的人有些可怜，拿他们作为对象来进行研究，他们只用自己的表情就能变成各种角色，确实让人感到惊讶。

其实，和大家对艺术家的一般看法不一致的是，艺术家本身并不是那种激情四射的人，反而，他们大多是沉默而深刻的，所谓的激情只是艺术品本质上所体现出的强烈情感。有着卓越才华的人通常是自己独特禀赋的牺牲品，他们一般并不喜欢为了营造那种大众所趋之若鹜的激情假象而浪费自己的才能。因为艺术的目的并不是直接制造激情，而是通过完满的内容和形式来激发人内在的情感，从而使人进入一种自由而迷醉的状态。

在尼采的眼里，艺术是崇高的，创作艺术品的艺术家也必然是灵魂高尚的，因为如果没有相对纯洁的本性就无法将自身的内在气质传输到作品里。尼采认为人虽然是自然的，有着自然的本性，但是贞节存在于高尚的理性之中，保持贞节的人能够对色情本身采取一种保守的态度，这和丰满而有活力的天性确实是种强烈的对比。而这种状态的人广泛存在于艺术家之中，是最高智慧的显现，这种认识也越来越得到人们的认可，其代表人物有福楼拜和司汤达等。按照正常的推理，艺术家本身是应该具有更为强烈的性欲望的，因为他们更富有诗意和感情，身体里的各个官能也是异常地敏感。因此，这些欲望强烈的人的主动克制就更显得弥足珍贵了，可以说他们的贞节比普通人更为难得。他们这么做也是出于本能的驱使，他们不允许自己随便浪费自己的精力。我们可以很简单地得出两个选择，要么将有限的精力消耗在艺术创作上，要么浪费在粗鄙的性行为上。对于智慧超群的艺术家们来说，他们简直不用思考就可以做出正确选择，在性上面随意消耗简直是对精神的背叛和苟且，甚至可以说是一种对艺术的亵渎。

这些现代艺术的虚假其实也是在迎合现代社会的真实需要，这种形式可以有效地弥补艺术家和观众们在禀赋、修养和素质上的缺陷。首先，这些伪艺术家弄来一大帮无知的观众，让那些人无理由地去膜拜他们，懵懂的人们迷信天造之才，便心甘情愿地去崇拜他们。其次，他们拿政治上的某些弊端说事，激起民众的同感，这是姿态的胜利。再次，他们将艺术弄成了一个奇特的混合品，把教会、民族主义和哲学都混杂到一起，既不伦不类又显得高深莫测，让自己俨然成为神一样的存在。最后，这些所谓的艺术家从女人那儿讨喜，再加上他们精妙的精神鸦片，让一大批人都俯首称臣。但是也会让教育根底深厚或是学习过诗歌与历史的人感到尴尬与排斥。

尼采还十分形象地利用对女艺术家的讨论来探讨艺术的内容与形式的问题，他首先提出问题，假如全由女性来担当艺术家的角色，那么艺术领域的表现是不是会失色很多？可是事实证明女性是可以做好职场之外的事情的，比如她们十分擅长写信和回忆录。但是，我们可以看到这两件事其实并非艺术，而是一种对自我情感的表述，这也是一种艺术才能的直接展示，但毕竟和严肃的艺术创作还相差甚远。作为真正的艺术家，他们可以运用某个细节或者某个声音来表达超越其自身含义的更多意义，他们只需要动一动手指，就可以捕捉到最为细腻和隐秘的事情。同时，尼采提出了艺术内容的重要性远远超越其形式的看法，他认为真正的艺术家会把除了艺术本身之外的其他都看作形式，而把情感抒发的实质看作是内容。因此，艺术家肯定是来自一个非同一般的世界，因为从当下这个时间段开始，我们已经认定内容是最为关键的核心，内容甚至可以直接作为纯粹的形式来看待，连同我们的生命本身也是。

艺术不是高屋建瓴的纯粹精神，艺术是给予生命更为有血有肉感受的情感赐予。尼采一直都强调要实现生命本身的价值和意义，要把握和珍惜现世的人生。因此，他也认为艺术家是比哲学家更为真实的存在，他们是一群沿袭着生命轨迹前行的人，他们更食人间烟火，就是说喜欢遵循着感官的引领去生活。尼采自己强调的贞节不等于禁欲，它们之间是有区别的，前者是关于精神自律，后者是关于生命本身。他认为禁欲的人要么就是一个自我欺骗的虚伪之人，要么就是这个人想多了，或是作为一种疾病的治疗方法来进行的。尼采从不将所谓的清规戒律作为需要践行的道德标准，他希望所有人都能按照生命本来所需要的规律去生活，不断在体验的多样性和丰富性上得到提高，尼采认为人所拥有的丰富而精妙的感官是一种财富，要充分发挥和利用它们。而当时很多抵触感官的教士和所谓的形而上学的学者在本质上是不同的，人们要拒绝那些拿异端说事的行为。人们需要去拥护像歌德那样热爱人生的人，这是一种有修养的表现，也是对人类伟大价值的拥护，这种观念就是：当人在美化自我的时候，他自身也就成了美化者。

关于艺术的悲观主义[①]，尼采做出了看似和他的悲剧理论矛盾的论断，而实际上它们是有区别的，主要在于其两个观点的视角不同。尼采的悲剧论针对的是人类面对不可避免的痛苦时积极面对并寻找痛苦背后的快乐，是一种向上的精神追求；而对于艺术的悲观主义的驳斥，则是对生命本身追求美的意志的肯定，是对那种听天由命的悲观厌世的一种摒弃，两者都是积极而有活力的。艺术的形式是让人愉悦的，艺术家甚至会喜欢上形式本身，对于那精致的色彩和精巧的音色都颇为着迷，这些确实都是令人为之动心的艺术特色。这些琳琅满目的艺术特色，以及诸多让人为之激动的细节处理，都可以让人进入迷醉的状态。既然艺术是

①悲观主义泛指对宇宙、社会、人生悲观失望的态度、观点和理论。与“乐观主义”相对。

一种完满与丰富的祝福，是一种神性的对象，那么关于艺术之悲观主义不就是自我矛盾的事情吗？尼采在这里也肯定了这种说法，还对其一直尊崇的叔本华提出了反对的意见。那就是，悲剧和悲观主义是有区别的，悲剧并不引导人去往认命的消极世界，古希腊艺术家在悲剧中渗透了极为有力量的宏伟气魄，而悲观主义则纯粹是一种否定生命的消极态度，尼采觉得压根就不存在这种伪艺术。当然确实有些作品是表现丑陋的，但目的不过是为了取悦人，给人找找乐子，作为一种可笑的对象来表达而已。

和歌德一样，尼采也是一位综合型艺术的拥趸和艺术的国际主义者，这一点和瓦格纳的认识如出一辙。他认为瓦格纳的音乐根源于文学，里面有着浓厚的浪漫主义色调，其音乐仿佛可以把听众带入那史前的遥远领域，眼前宛如浮现出清晰而色彩斑斓的地平线，这是一种对于未知领域的非凡想象。对于民族主义来说，尼采认为这并没有什么意义，因为民族主义也不过是异国情调中的一种而已，艺术家们的浪漫笔触让来自不同地域和国家的人们经历想象中的奇特故事，比如威尼斯或是佛罗伦萨的独特风情，并徜徉于自己丰富的幻想里。对于艺术的世界性和民族性的研究，很多文艺理论家和哲学家都给出了自己的见解，尼采也不例外。他认为艺术中所表现的异族形象往往都是虚假和带有修饰的，尽管这一描写异域风情的潮流十分时尚，如歌德所写的希腊人，雨果①所描写的东方部落，瓦格纳作品里涉及的冰岛诗歌里的人物，

①雨果是法国人，19世纪前期积极浪漫主义文学的代表作家，人道主义的代表人物，法国文学史上卓越的资产阶级民主作家。

还有斯科特笔下的英国人。他们处理异族元素时的态度和手段都是有区别的，来自英国的艺术家喜欢把感知到的对象自然化和粗俗化，而法国的艺术家喜欢把其逻辑化并修饰起来，德国人喜欢把这些对象融合起来并加以道德化，来自意大利的天才则更为巧妙，他们赋予其外来对象更多东西。

尼采对于音乐艺术情有独钟，其中他十分喜欢奥芬巴赫的作品，他认为奥芬巴赫作为音乐家保持了伟大的传统，是最为诙谐和纵容的色情狂，他也非常有革新精神，从德国的浪漫主义颓废的哀伤中解脱了出来。尼采眼中的奥芬巴赫有着不输于伏尔泰的自由精神和极高智慧，倘若可以称他的天分为最高级的自由以及严肃中的轻灵敏捷，那么可以说他比瓦格纳还要有才能。瓦格纳的节奏十分缓慢而沉重，他十分不擅长纵情，而奥芬巴赫倒是驾轻就熟。

同时，对于综合艺术的喜爱也不影响尼采对纯粹音乐的支持，这主要表现在他对现代音乐中的戏剧音乐的否定，他觉得那旋律好像拿出了一副思考而充满辩证意味的腔调，可是那运动形式既缓慢又软弱。这也发展为一个风格，甚或是一种理论和原则，但是那原则也不过是狭隘的天分的原则而已。尼采把戏剧音乐评论为乱弹琴，在这形式化极强的音乐中，艺术家借用感觉和激情来弥补那触及不到的神性与智慧。因为毕竟激情和感觉好表达得多，这真是给那些天赋不够的艺术家指了一条生路，他们都跑去剧院寻找机会。尼采认为，这说明这些艺术家的虚假远超真实的东西，因此才有了戏剧诗歌和戏剧绘画。

尼采还观察到了音乐艺术的特殊性之一，那就是缺少普遍的范例与标准，没有创造规则或是美学规范的衡量，因此就造成了一种后果，那就是在音乐界的互相评判和斗争中缺少原则。一般来说，大家都会凭借自己的喜好来评价音乐，只要是喜好的就是好的，依靠着对美的感知的本能在黑夜中慢慢探索，这是因为世界上不再有完美、优秀的技能或是典范等概念。尼采质疑贝多芬被称为古典风格，他本来是十分确定这一点的，后来自己倒是发生了转变。但是尼采想要强调的是瓦格纳对音乐的瓦解，就是他自称的戏剧风格也成为了完美、优秀或是典范来为人所效仿。因此他没有办法去忍受戏剧风格，就像瓦格纳自己所认识的那样，他认为戏剧高于音乐，于是便把风格给抛弃了。

对于音乐和音乐家的伟大之处，尼采的论述也颇为独特。他认为艺术家的伟大不能用其所激发的美感来进行评定，女士们倒是非常相信这一点。他们是否伟大要用其擅长伟大风格的程度来评定。尼采认为伟大情感与风格之间有个共同点，那就是不屑去对别人进行讨好和迎合，艺术家要自己发出命令，去支配人民的品味，强迫其接受那种强力的形式。尼采发现很多的艺术都对那种寻求伟大风格的音乐十分熟悉，可为何对音乐本身却视而不见呢？为何没有音乐家像建造皮蒂宫[①]那样去构建音乐呢？难道音乐就是这样的性质吗？

对于艺术与宗教，尼采是从道德的角度来进行理解的。他首

---

①皮蒂宫是佛罗伦萨最宏伟的建筑之一，原为美第奇家族的住家。建于1487年，可能是布鲁奈莱斯基设计的。16世纪由阿马纳蒂扩建。

先提出问题，艺术到底是对现实的感激还是不满呢？感激是一种赞美，而不满就是浪漫主义。尼采认为拉斐尔属于前者，可是他的赞美有着欺骗的因素，他的感激其实来自他从没按基督徒的标准来生活。这个世界是无法用道德标准来进行阐述的，而基督教恰恰就用道德来做标榜，希望借此来对世界进行征服，它们其实是在对整个世界进行否定。人类无视真理，盲目地自我强行拔高，最终只能遗憾而可怜地以自己的卑微与低俗而结束，只有那种最为无害的或是世俗的人才可能适应那种安慰。

点评：

在尼采看来，艺术有着崇高的地位，尤其是音乐艺术，它是一种能引领心灵抵达自由领地的强大力量。艺术家能够洞悉到较为强大且自然的力量，艺术从本质上决定了人类的精神状态。尼采认为艺术是崇高的，创作艺术作品的艺术家也必然是高尚的，因为有纯洁的本性，所作的作品才能体现出自身的内在气质。

第十一章　只有美的内心才会付出爱

美学①是哲学十分重要的一个分支学科，它研究的是关于美的学问，包括美的本质、审美的要素、艺术美、自然美以及社会美等。尼采对于艺术学非常感兴趣，因此对美学也进行了一定的

①美学是研究人与世界审美关系的一门学科，即美学研究的对象是审美活动。审美活动是人的一种以意象世界为对象的人生体验活动，是人类的一种精神文化活动。

分析和研究。对于尼采来说，美的本质更倾向于个体主观感受的主观美而非事物本身的客观美。他认为审美对象的美并不是固定存在的客观对象，而是审美人的主观判定，根据审美来判定，是由这个人心灵的本质特征所决定的。有着心灵美的人，就可以发现更多的美，而内心阴暗龌龊的人很难发现身边的美好，更不可能付出自己的爱。一个人只有常常发现美的事物，让身心沉浸在美好的氛围里，才有可能对世界有着美好的期许与愿望，才有可能从心而发地付出自己的爱。

人对于财富与爱的追求有什么区别，尼采对此进行了分析，他认为那只是对同一种心理刺激的两种叫法而已。这两者往往很难区分清楚，人们对邻里的爱，是不是另一种模式的对于财富的渴求呢？更进一步，人们对真理和知识的爱，包括对任何新奇事物的追求是不是也算另类的对财富的渴求？财富这里同人性普遍的审美混杂到了一起，也被异化成了爱，这并非普通道德可以辨别。人们总是倾向于对既得的事物产生理所当然的厌倦感，不断地想去向外界索取新的东西。举个例子来说，人们喜欢在风景如画的地方居住，可是一旦住习惯了，就不会感到有什么特别的地方，也不会有多喜爱了。人的眼光总是会望向遥远无际的海岸线，那里有着我们真正的爱。所谓的爱意，总是在激情之后归为平淡，一旦拥有了就显得不那么可贵了，快乐的元素似乎需要不断地变换花样以维持自己的存在。而且，人对其现有的所有物不再感兴趣的同时，也即对自身失去了兴趣。一个有爱心的人在看到有人需要帮助的时候无私地伸出援助之手，但这并不是说他不会为自身获取新的资源。对于异性的爱，更是一种对爱自身的背离。因为这种爱是自私的，是想要单独地占有其所爱的对象，甚至要把对方的身体和精神全部把控住。这是相爱的人身上的普遍现象，都想独自拥有对方的爱，拥有对方的全部灵魂。可是，当这个想要捆缚对方的人，突然发现他的行为已经剥夺了爱人的整个世界，已经让爱人的生活变得十分苍白而无聊，已经成为一种对他人身心自由的不正当欲求时，竟然还被美化成了爱。

对于爱是否是善的行为的合理转化，尼采有不同见解。他认为对于爱，人们已经花费了太多时间和精力去评定，但是却把正义这个概念忽略了。爱总是被给予了漂亮的光环，这是因为它有着超越司法[①]的人文关怀，可是和正义比起来爱就显得蠢多了，也确实因为这个原因，这个傻傻的概念一直颇受大众的欢迎。这种无脑的平均分配，将那得来不费功夫的财富分配给了所有人，哪怕是压根不值得给予的人，或者是因给予会遭受负面影响的人，也全部都给予了，可是效果就令人怀疑了。就像天上的雨露，它可以滋润大地，让大部分人收获益处，可是它因为太讲究绝对平均，反而导致了不公平、不正义的后果，那就是让无辜的路人遭受雨淋而湿透。看来，爱与正义是有差异的，需要进行衡量和取舍，它们的价值与意义也远不是表面看上去的那么理所当然。

爱究竟是什么，究竟应该怎么去对待它，尼采的态度和普遍

①司法，又称法的适用，通常是指国家司法机关及其司法人员依照法定职权和法定程序，具体运用法律处理案件的专门活动。

的价值取向确实有所区别。在爱的目的上，尼采认为去爱并不是去拥有和获取，不是让有着优秀能力和光鲜外表的人属于自己，而是让对方的心受自己正面的影响，是要从精神上感受对方，这是一种为了纯粹精神互动而产生的爱的目的；爱也不是为了去寻找同类，不是找寻和自己臭味相投的人，也不是为了找对自己有爱慕之情的人，爱的目的是找寻能够让自己达到超越的人，是需要去爱那和自己完全不同的人。为爱这样的人而愉悦，就算是对方和自己的感受截然不同，也要为这种新奇的独特而欣喜。但要注意的是，尼采说的寻找和自己有差异的人，不是通常意义上的互补，即取长补短，也不是要让两人互相通话，他希望人们可以直面这种差异，不求同而多存异，达到一种多元化同步发展的目的，让生命体验更为丰富多彩，这才是爱真正的目的。

有的人因为情感十分敏感，容易陷入爱的旋涡里去，倘若爱得过于艰难而苦涩，不妨听一听尼采的看法，试一试他的独特疗法。那就是：另辟蹊径，让自己的爱变得更为广博而强大，当自己的情感活跃并温暖起来的时候，就不会死死地把眼光盯在某一个促狭之地了，去更热烈地爱你值得爱的东西，让爱本身变成爱的疗伤药。

爱有时候不是直观的感受可以确定的，一见钟情不是爱的特质，爱是需要时间和过程的积累来确定的。在聆听古典音乐时，人们往往会因为不适应它的调子和节奏而感到不舒服，这时应该保持一定的耐心，用较为包容的心态静静地聆听到最后。越是难以理解的对象往往越拥有被爱的潜力，反反复复多听几次之后，就会生出亲切之感，并慢慢地懂得了音乐的吸引力，将其深藏着的美挖掘出来。当那欲露还羞的美好经过努力终于浮现在你的眼前时，自然而然就会让你爱上他。当然，音乐在这里只是尼采所举的一个生动而鲜明的例子，不光是对音乐的爱的发掘，我们对他人的爱也往往都是从零开始慢慢生发而成的。在人生的路上行走时，我们的爱的枝枝蔓蔓也在不断生长，去爱自己的工作及其他的人，爱一切值得爱的东西。尼采在这里所强调的，其实就是爱本身的价值关系问题，越是需要努力去发掘的美，越有着被爱的价值和意义，表象上的一见钟情往往是一种假象，或者说是肤浅的美，实际上缺乏被爱的意义。

关于爱的对象，人在不同的年龄段会有截然不同的理解。人在年轻的时候容易对怪异、新奇而充满趣味性的对象感兴趣，他们才不会计较什么价值量的大小，不会在乎什么是非或真伪。只有当人慢慢地长大成熟以后，才会对真实而有价值的东西感兴趣。等到这个人的思想变得更为成熟，回顾和反思青年时代的肤浅，他会觉得十分好笑和无趣，并重新喜欢上年轻时候所唾弃的表面上看来缺乏趣味且无聊的真理。主要原因是，人们在足够成熟的时候才能够发现简约和朴素的美，因为它们传达和表现着更为深刻而悠远的内涵。爱上深刻是因为自己足够深刻，这就是人们爱的取向的抛物线轨迹。

爱不是虚无缥缈的东西，它不是纯粹的感觉。感觉是不受个体控制的情感，它不似行为那般能够提前进行计划。但是爱并不是我们通常所认为的那种纯粹感受的东西，爱的本质是过程，是动态的行为。但是爱的行为是情感主导的表达爱意的行为，而不是身体主导的满足爱欲的行为，假如人一味顺从于自然本性的驱使，让性的欲望控制身体的行为，这肯定是非常危险的。这是由于性的欲望只是把爱与被爱的两头进行联结，并没有实质性的爱意，并且将这个真实的情感的枢纽忘却。真实的爱会随着时间的累积而逐渐强大起来，不能让性的欲望占了先机，最好能够将性控制得比爱晚一些。

爱的高级表现就是最终的婚姻，婚姻看起来是约定俗成的伴侣结合形式，但是千百年来人们按照婚姻的形式结合起来的效果却是大相径庭，有的可以幸福美满，有的同床异梦。对于这种差异，没有经历过感情与婚姻的尼采也从局外人的角度分析了婚姻的前提。对于那些犹豫着结婚与否的人，尼采认为最应该扪心自问的就是，自己是否能够和对方在同一个屋檐下相处了几十年之后还能保持良好的谈话，这是最为关键的一点。其他的维持婚姻的手段，包括孩子的羁绊，包括所谓的包容忍让，即使可以或多或少地让婚姻多维持长一些时间，但也终究只是暂时的应对方法，终究没法从根本上解决问题。在尼采看来，婚姻的实质就是两个相爱的人之间的不断对话的过程，这应该占据婚姻本身的绝大部分时间。当然，这种对话不是那种缺乏内容和营养的闲聊，而是能够互相得到启示与提升的对话，两个人在这种心灵的不断交融中一直向着爱的顶峰攀登。尼采同时还指出，婚姻中的主要问题是，无论男方还是女方，婚姻中的双方都觉得自己配得上更多的爱，一旦感觉自己接收到的爱意达不到期许的程度，就会自然地导致矛盾的发生，并为一些鸡毛蒜皮的小事吵个没完。从另一个角度来看，婚姻的双方都自我感觉过于良好，这也说明人总是倾向于怀有自恋的状态。爱是需要吹灭自身的欲望之火的，它要求把自我看低，拿出宽容的态度来对待另一半。尼采对于人的自以为是的劣根性是深恶痛绝的，认为很多人总是觉得自己有种特殊的身份和地位，他们喜欢在社会上分等级，还给自己冠以独特的评判资格。

根据上面所述，爱是一种行为，但不是刻意的行为，而应该是自然而然发自内心的行为。当你用饱含着真爱的行为去对待他人的时候，自身就能感受到爱与愉悦。真爱的亲切虽然并不是快乐之源，却能够让人感觉距离神圣与超越更近了一步。在日常的生活过程中，人们常常可以下意识地去善待周围的人，这说明人生来本性是善的，不知不觉中的平凡所为，已经足够可以超凡入圣了。因为自然流露的东西总是充满了神性的内涵，远远超过刻意为之的虚假。

尼采看问题喜欢从多个角度来分析，他认为虚假固然是一种消极的态度，但是当某个人在爱另一个人的时候，就会倾向于小心翼翼地把自己的缺陷和不足之处藏匿起来，希望把自己最美好的一面展示给对方。尼采认为这是可取的，并不是一种虚荣，而是一种提升的机会，这甚至是一种变相的牺牲，牺牲自己的本性去让所爱的人少受伤害。之后，为了让爱长久地维持，他会主动去纠正自己的缺陷，尽量弥补不足之处。在爱的不断深化进展过程中，个体也在努力改善自我的时候越来越接近于完美。

爱就如甘露一样，可以滋润被爱的人，让其像花朵一样成长得更为光鲜和娇艳。而得不到爱的人就会像怨妇一样憎恨周围的世界，憎恨所有的人，释放出惊人的负能量。因此，爱是这世间不可缺少的东西，就像是人不能缺少粮食和水一样，是一种重要的精神食粮。这就像科学家所做的一个实验，让一个人每天听很多夸赞的话，让其得到爱的滋润，过了一段时间会发现这个人的整体精神气质都会不一样。假如每个人都可以付出自己的爱，就能够让周围的世界充满阳光与雨露，让整个生活质量都在正能量的影响中不断提升。如何才能让人具有爱他人的能力和动力呢？正如前述所说，首先要让自己具有审美能力，要拥有一颗能够看见美的心，只有真正认识到了对方的美好，才会真心而主动地去爱别人。审美之心是需要长期锤炼的，它是基于大量的社会实践、知识学习和内心思索的。客观上，知识的累积与经验的叠加可以让自身拥有审美的基础；主观上，将自己的身段主动放低，释放出尊重和爱别人的空间。让我们都好好磨炼自己对美的认知吧，这样爱意就会充满空气中，让世界变得更为美好。

点评：

爱是这世间不可缺少的东西，作为重要的精神食粮，就像人类生存不能缺少粮食和水一样。尼采认为只有那些具有心灵美的人，才能够发现更多的美，而内心阴暗龌龊的人很难发现身边的美好，更不可能付出自己的爱了。一个人唯有经常发现美好的事物，让整个人都沉浸在美好之中，才能从心底产生美好的期许和愿望，才有可能付出自己的爱。

第十二章 强大的内心才是美的

尼采的强力意志表达了他对于弱小的零容忍，特别是他无法忍受那种自甘堕落、没有冲劲的人。假如某个人在内心里将自我看作是一个弱小而无能为力的人，那么这个人是连同情和怜悯都不值得的，这种人断然无法感知真正的美。尼采的美就是强力的美，这在美学界对美的本质的定义里，属于个体主观决定美丑的一派。但是这种美又是不拥有具体形态的，它是一种精神美，而且只针对人本身来说，也就是美即是内心的强大。

内心的强大首先体现在对理想的执着追求上，尼采认为人最重要的就是不能放弃理想，不能将内心中的英雄放弃。每个人的理想都是十分美好和崇高的，理想让人们有十足的动力前行。尼采不喜欢总是回首前路，怀旧不是他的风格，他的人生就是一直砥砺前行，从不后退。每个人都有年轻浮躁的时候，过去的事就让它过去，要抬头向着前方的理想而前进。很多人都曾有过绮丽的梦想，也信誓旦旦地愿意朝着梦想前行，可是也有太多的人因为缺乏坚持或是拖延症的问题而在无意识中远离了它，只有在蓦然回首时才感觉遗憾万分，无奈而尴尬地嘲笑自己，并开始蔑视其他的只说不做的青年。尼采所相信的价值，不是人从什么地方来，不是他过去做了什么，不是他曾经取得了什么成就，而是以后会怎样去做。尼采认为，最好的做法就是闭上自己的嘴，让行动证明一切。其实这个以后，就是当下，人总是在无数个当下活着，从当下做起才是最为真实的行为。他告诫年轻人要重视未来的路，把过去的一页尽量翻过去，鼓起劲往前走才是最重要的。心灵是一个非常灵动的存在，可以很快飞升，也可以迅速堕落，差别往往在一念之间。人为了更好地提升自己，至少为了对得起自己的心，应该一直向着理想不断努力。

尼采对年轻人表达出了很多的关注，他知道年轻人的通病常常就是心高气傲、眼高手低，这样一来就面临很多潜在的危机，比如可能因为理想与现实的差异，在发现自己的能力永远无法实现自己的目标时会产生强烈的挫败感。尼采同情努力但失败了的青年，他鼓励这些人要永远怀着对爱和希望的虔诚之心，就算确信自己永远也到不了理想的境地，还是要知其不可为而为之，用努力的行为本身去给自己一个交代。尼采也真诚地为年轻的人们祈祷，让他们有勇气不断超越自我，永远不放弃加入灵魂高尚者的队伍，并最终到达人类的巅峰。

内心的强大就是要相信自己，尤其是在审美的过程中。审美的过程是一种主客体相互交融的物我两忘的体验，这和其他任何人都没有关系，因此在审美时听多了其他人的建议，就会极大地干扰自身的审美体验，让自我感知的效果受到影响。比如说，在游览勃朗峰[①]的时候，本来可以畅意去欣赏并沉醉于周边的美丽景致，可是导游在旁边的喋喋不休、旁征博引，虽然提供了大量的背景知识，却扰乱了游客自身的注意力，让心灵对眼前的壮丽景色无法静心感受。同样地，引申开来看的话，内心强大的人是可以坚持自己的审美观的，也是可以在更多意识和观念上保持独立看法的。尤其是在某些独特观点遭受外界非议与打击的时候，如果还能够勇敢地去坚持和前行，那就更为可敬和难得了。总之，要去做自己，这是尼采一生不断追求的，也是每个个体生命价值实现的基础。

尼采针对上述问题还提出了人要向树木学习的观点，认为和不断东奔西跑、追名逐利的人相比，树的内心似乎更为强大。它们不为外界的风吹雨打所动，只是笔直地站立着，不断依靠自身的努力、基于自身的土地向上生长，身边的风声丝毫不能影响它们，好像只是为它们所奏响的音乐。它们也从不打盹，其信念就是一直守候。和人的浮躁与随波逐流不同，树木是不会焦虑的，它们淡定而从容，没有心慌意乱的时候，更没有像怨妇一样抱怨的时候，它们只是耐心地在沉默中守候着，至于守候的是什么，对它们来讲似乎根本不重要，没有具体内容的信念才是最高贵的信念。尼采认为人应该向这些守候自身内心，拥有着强力的美的树木学习。

内心强大的基础就是我们脚下的大地，就是大自然，就像安

①勃朗峰：又译为白朗峰，是阿尔卑斯山的最高峰，位于法国上萨瓦省和意大利瓦莱达奥斯塔的交界处。

泰俄斯[1]被赫拉克勒斯举起来脱离了大地母亲，从而在空中被扼死的希腊神话故事一样，没有了根基的人是无法生存的，人的力量都来自自然。尼采也建议人们应该经常从社会的纷繁复杂中走出来，到纯净而广袤的大自然中去走一走，让精神得到焕然一新的洗涤，在舒畅的呼吸中体验最为纯粹的生命。这就是大自然的力量，在它的怀抱里，人可以尽享温存的关怀，让灵魂得到升华，在跟大自然待在一起的时候，人不会出现任何的不满或意见。

大自然孕育了人，也像母亲一样无限地对人类奉献着一切。对于大地母亲的无私，人类当然是感激的，并由此形成了人自身的价值取向，那就是把奉献看成一种崇高的道德与行为，乐于奉献的人总是被当成楷模而为他人顶礼膜拜。比方说，乐于助人、尊老爱幼、乐善好施以及舍己为人等，包括一些职业也是乐于奉献的象征，如护士、教师和救护队员等，他们都是为了人类在做出自己的牺牲。当然，尼采认为大部分工作都是在为人类谋福利，从事这些职业的人也在用自己的方式牺牲着，他们没有直接对人产生帮助，但是间接做出了自己的贡献，如农民、工人和手艺人等。尤其是那些看似鲁莽其实十分聪颖的工人，他们往往能从劳动过程中构思出伟大的想法，他们就是伟大的人，这是因为工作让他们专注而精心，并尝试用不同的方式去调整工作效果，每次都很努力，并且一直不懈地坚持，在默默无闻地流汗和努力中奉献着自己的力量。总之，认真地

①安泰俄斯：力大无穷，而且只要他保持与大地的接触，他就是不可战胜的。而赫拉克勒斯发现了安泰俄斯的秘密，将安泰俄斯举到空中使其无法从盖亚那里获取力量，最后把他扼死了。

去做事就是一种奉献，奉献体现了一种崇高的精神层次，这也是内心强大的直接体现，因为它忽略的是自身的利益，在人性上超越自我，让灵魂得到升华。

内心的强大是一种自我确信，是强力的美，但是并不代表要对其他人的想法和意志进行压制和否定。相反，真正内心强大的人可以自立于世，也能够和别人达成和谐的共存，在宽容的心态下求同存异、去粗取精。就算是在某些带有原则性的问题上和某人存在分歧，他们也不会当面生硬地让对方难堪，总是会留些余地。因为他们自身的内心是敞亮的，对世界的清晰认识让他们清楚自己该如何选择，应该何去何从早已了然于心，完全可以淡定而从容地面对任何外界的影响和干扰。

尼采的核心思想是上帝已死，人类要重视现世的生命，去自我拯救，去完成超越的过程而成为超人。他笔下的查拉图斯特拉是如此说的："秋季的时候，鲜嫩的无花果掉落在地面，那红色的外皮上有着缝隙，而我就是那吹落它们的秋风。我的周边是那么地多彩，从这儿望着远方的大海是很令人激动的。以前人们把命运交给上帝，而现在我只想把命运交给超人。上帝只不过是想象而已，我的朋友，也许你自己不会成为超人，但是你可以成为超人的父辈或是祖先，这也是你能够创造出的最杰出的作品。"上帝一直都是人想象出来的，这世界是人的，也要由人本身来进行重振，人的意志与爱可以用来构建这个世界，这也是为了人自身的幸福。假如人缺少这种憧憬的话，人跟爱慕他的人应该怎样生活呢？他们无法在一个无法理解或者是缺少理性思维的世界里生活。我们无法忍受自己不是神，上帝根本就不存在。

对于人的各种美好的特质，尼采较为看重知性和美丽，这也许是他对柯西玛的爱慕的另一种表达，他在文字中表达了希望寻找那有修养的、有着良好教育的和美丽的人。不过这里尼采想要表达的是看人的特质要有针对性地去看，可以只看她的别具风格的地方，她的唯美的一面，就是说只用一个视角去看待她，而不要观其所有，因为人的缺点总是多种多样的，只看那最美的特征就可以了。有的人四平八稳的，挑不出什么大毛病，可是也缺乏值得称道的地方，说白了就是平庸。倘若一个人能一方面特别光鲜和美丽，那就是一种值得去观赏的景致了，靠这一片景致也足以支撑其内心的强大，足以被谓之美了。

爱的维度到底有多广，尼采给出了非常高的评价，那就是爱是唯一的文化。他认为艺术行为的不断积累形成了文化这种理念，文化其实是一种非常复杂的概念，它的具体含义是十分广袤的，它是相对于经济、政治而言的人类全部精神活动及其产品的总和。这确实是非常广泛和最具人文意味的概念，而简单来说文化就是地区人类的生活要素形态的统称，即衣、冠、文、物、食、住、行等。给文化下一个准确或精确的定义，的确是一件非常困难的事情。而尼采把文化统称为了爱，这是一种具有相当高度的提炼，抽象但是让人叹服，因为人类世界就是为爱而存在的，所谓的强大和美好，不都是爱的表现形式吗？

衡量内心是否强大还有一个较好的方式，就是对自己自律性的自我测评，看看是否能做好慎独。比如，在完全脱离他人监督的条件下去过一种自律性较高的生活，在没有人看得到的地方用较为端庄的方式来做事，再如，对于没有任何人知道的事情不撒谎。倘若你能够过了自律这一关，去克服这个艰难的挑战，重新去审视自我，就能看到一个更为崇高的自我，并确认自己非凡的尊严。在这个过程中，你内心的强大力量已经蔓延全身了，这也是你给自己的独特奖励。

人除了让自己的内心变得强大起来，还有什么值得称道的地方呢？自立而坚韧，能够抵御外界的一切干扰与影响，甚至不用抵御，就像清风拂山岗、明月照大江那样淡定而从容，内心强大的人的美也体现在这一方面。拥有坚强性格的人，一旦对某件事或某个信念下定了决心，就算面临再大的压力，面对再多的反对意见，也可以如入无人之境，坚守自己的信念。

对于美的判定，尼采一直坚持的是纯朴和简约，即回归自然与原初的材料更有价值。他用绘画艺术来举例说明，大画家一般喜欢画朴实的风景，而没有名气的小画家则偏爱那种奇观异景。从中可以看出，伟大的人物眼中常常都是较为质朴的对象，他们能够看到其较为深刻的美和内涵，而平庸无奇的人物则常常为事物表面的宏伟奇特所迷，却看不到事物背后的丰富内容。

对于艺术品的美与社会的关系，尼采的论述颇为有意思。他认为艺术品是需要沉淀的，它的真正价值需要从潮湿的状态晾干到干燥的状态时才可以显现。对于每一部作品来说，无论它杰出与否，总是要先经由一番社会操作的折腾，包括市场化、敌视的评论以及庸俗的舆论等，这让上面沾了一层湿湿的东西。之后，它总会在外界的喧嚣散去后渐渐变得干燥，也就是说，它的外部因素的包裹退散了，时间性也在它身上消失了，才终于显现出隐藏着的无限光芒。同样地，对于个体的内心来说，其强大与美也都是需要沉淀过后才能显现出真实的颜色，社会的纷繁复杂倾向于将个体投掷于旋涡之中，让人身上沾满湿湿的气息，把人本身的光芒都盖住。人需要回归自然，回归本心，在纯净的阳光下让湿气退去，才能显现出真正的强大的美。

点评：

尼采的美就是强大的美，这种美并不拥有具体的形态，它作为一种精神美，只针对人类本身而言，也就是美即内心的强大。内心强大的基础就是我们脚下的大地，也就是我们所说的大自然，在它的怀抱里，我们能尽情享受关怀，并提升灵魂。总而言之，人类需要回归到自然当中去，回归于本心，接受纯净阳光的照耀，以此让自身湿气退去，如此才能显现出真正强大的美。

第十三章　心灵曙光是幸福的基础

超人哲学是尼采之前所有理论的结晶、提炼和升华，在不断强调和肯定生命本身的价值和意义的基础上，超人就成了上帝的合理替代，它并不是字面意义上的超越的人，而是一种新人类和未来人的形象。尼采认为既然个体已被生命选择，那么就要为了证明自身的存在而超越生命。每个看似普通的人心里都有权力意志，那也是人生快乐曙光的发源之地。想要让内心的曙光升起，就要首先解放自己的心灵，张开双手拥抱自己的心，让人生的价值和意义得到完满的实现。

在追求幸福的路上，人们各自前行，也相互扶助。人们在互助过程中用各种方式了解他人，也在不知不觉中去移情①到他人的情感世界中，在此期间人们也会探寻他人的心绪变化，并思忖为何这个人会伤悲，在探寻的同时自身也或多或少地受到他人情绪的影响，将自我内心的相似情节唤醒。不光是情感，人们总是在互相学习的过程中把他人的方方面面的特质，包括音容笑貌、言行举止都映射到内心的镜子上来，心灵也就在观照这些映画的时候得到了启示，这些感同身受的东西也是灵感和创作的源泉。紧接着，在这种启示下我们的内心就会产生一种典型的体会，在此种可以解读他人情感的基础上，我们在生活中也能够取得伟大的创作灵感。人们只要经常和他人互通有无，就可以不断让这种感知能力得到提升。

超越自身看上去是个体的工作，但对整个群体是有益的。人们做着各自擅长的事情，即使是在做自己拿手的事情，也需要辅助人员的帮助，即便是哲学家，他在独立思考的时候也是需要可以激发起灵感火花的接生婆，更不用说做各种事情的其他人。基

①移情一词来源于精神分析学说，是精神分析的一个用语。

于此的交流即是有益的，但是在表象上，人和人之间的交往常常会被误解，比如，一个哲学家和一个艺术家待在一块儿合作，人们就倾向于这样想：这个哲学家才能平庸，而这个艺术家非常优秀，这就是一种刻板印象的对比。

追求幸福的人们最需要快乐，那么什么是快感的本质呢？人们往往认为物质的一切线条或是动作都是有其自身目的的，因此这种油然而生的幻想就在那些并不具备生命的物质上形成了。人们总是愿意相信这世界上的所有情感都是大自然生发的，比如来自大海、星辰、天空、森林和暴风等。也许除了远古时期的那些人，现在没人可以领悟我们外在感觉背后所藏匿着的东西。要不然，我们平常感受的快感就消失了，消失的就是人对于动物、自然和人本身的快乐感受。

要让心灵的曙光升起，就要突破这些表象的东西来寻找生命真正的价值和快乐，而且那些真理并不是一成不变的，至少会随着时代的变化而变化，幸福的标准也会随着时间的漂移而变化。尤其是艺术家们，像音乐家、画家或是雕塑家，他们更有义务去引领时代的不同感觉，因为美感也不是一成不变的，它的标准也会随着历史的发展而变化。

幸福的曙光是那么简单，丝毫不掺杂任何冗余、繁复或者故作深刻的东西，这和艺术的表现如出一辙。看看古希腊人的艺术，现代人无论是欧洲还是亚洲都难以望其项背，这是一种全面退化和溃败，竟然还有人以此为荣。虽然古希腊对所有人来说都是一个谜，但是只要我们瞧一瞧那雅典或是庞贝[①]的任何建筑，就会对他们用接近零的物质来表现高层精神的对象而吃惊不已。我们可以看到，希腊人的想法如此简单，却又如此有神性。现今社会的理性知识要远超那时候的人，可是和那些人比起来，现代人的精神就仿佛云山雾罩的迷宫一样混沌。

假如人们愿意的话，也可以按照简约的思想去建造任何对象，包括物质的和精神的。可是这种简约并不是普通而平庸的低品质，它实际上是思想经过高度沉淀之后所提炼出的结构紧凑的精华所在。为什么现代社会缺少这类艺术品，这和社会风气与氛围不无关系。人们把喋喋不休的话术当成一种混迹城市的本事，把追名逐利变成时尚，人们喜欢喧哗，整个城市就好像一辆噪声隆隆的机车在行进。人总是热衷于谈论，好像说话可以创造出任何想要的东西，结果却是背道而驰，人在高谈阔论的同时也在丧失着自己的创造力。人在镜花水月的幻想和空谈中虚度年月，那灵感的火光永远也不会降临。可怜的人们被日常的事务陷入旋涡里，凭借着那灵活的舌头就足够了。

这无尽的循环好像是看不到尽头，看不到曙光的降临，看不到幸福的彼岸。因为人总是被自身的动物本性所牵制着，这种本性关联着现实的目的性，和精神与灵魂的诉求背道而驰。就算是天才，他的身体里常常是两种正邪势力的战场，天使和魔鬼在斗争中各有优势，崇高的无意识与原始的性冲动是一对矛盾的统一

①庞贝：早在公元前8世纪，依托于地中海天然良港的一座小渔村庞贝，逐渐发展为城市。几十年之后，商贾云集，成为意大利仅次于古罗马城的第二大城。

体。那心灵的镜子可以映射出这一切，映射出两种势力的交织并存。从这里也可以看出来，那些表面光鲜的伟人实际上并没有那么幸运，就算是在他灵感如潮的时候也是如此。

幸福的色彩到底是什么呢？不妨从艺术的角度来进行考察，画家在表现天空实际的色彩深度与明亮感时，是无法使用完全相同的色调的，他不得不用比实际调子稍低一点儿的油彩，用这种曲线表达的技术，就可以和谐地表现出适度的光泽和顺应自然的色彩。一样的道理，诗人和文学家在表现某种事物和对象时，也必须明确自己的技巧和手段，他们也会用较为淡一点儿的调子来表述某种事物。因而，在描写太阳的时候，他们可以用较淡一些的光束来呈现，那其实就是曙光，是内心呈现出的太阳光，也是幸福而愉悦的光。

到底什么是曙光？它不是终点，也永远没有终点，相反地，它是希望的开始，它还远远没有到达快乐的顶点，却是最为珍贵的时刻，就像一个人的孩童时代，人总是怀念儿童时期的幸福时光，这也反过来证明了它的美好。对此，尼采用凤凰的启示来展示这种概念。凤凰把一捆烧焦了的纸呈现给了诗人，说道："不用恐惧，它们就是你创作的作品！这些东西里缺乏时代的风格与精神，同样也没有反时代的风格与精神，所有，这些东西是肯定要烧掉的。可是，这其实是个好的开始，就像是朝霞一般。"

可是，那一道曙光并不是招之即来的，它需要对心灵进行打磨，并迸发出光芒。也就是说幸福是从心底开始的，那曙光从心灵的表面油然而生，并释放出越来越强烈的光芒。尼采要求的是首先从个体的良知做起，训练自己的道德，此道德非宗教上教条的道德，后者是尼采批判的对象。尼采认为，当个体对自身缺乏的道德品质不再放任自流、听之任之的时候，这个个体也就让自身登上了又一级心灵的台阶。当个体最终登上了阶梯的最上方时，他甚至也会对之前形式化的道德感到羞愧。人生不是为了那形式化的目标，所谓的伟人也不过是在理想路上作秀的演员，真正伟大的人在告别这人生的时候就应该犹如俄底修斯告别瑙西卡[①]，只把自己的美好祝福留下，而把留恋带走。

人要证明自己的存在并超越自己，就要让内心的曙光升起，这就需要先解放自身的心灵。首先从真实的自身做起，人本是自然的人，并不需要赞美的话语，那不过是心灵的养料，假如某个人不去寻求赞美，也没有被赞美过，那他既不会知道赞美，也压根不需要赞美。心灵澄亮的人会开心地发现，称赞往往只是礼貌的行为而已，它不是正能量，恰恰相反，它只是精神空虚的象征。这是因为，赞美的标准通常都是缺乏根基的，某个时期的被定义为恶的对象，常常是大家对过去的曾被定义为善的对象的效仿，这其实就是一种理想的返祖。

人的自然性和精神性总是处于一个统一的个体里，当人觉得饥饿时，为了让自己的肚子不再难受，他的实际作为通常会距离

①瑙西卡是希腊神话中法埃亚科安岛的国王阿尔喀诺俄斯的女儿。

上帝的行为非常远。但是同样一个人在处于热恋当中时，这也是一种饥饿的状态，他的行为又距离上帝十分之近，因为他的爱情是从内心迸发的，是心灵透彻的闪光，他的肉体已经被包裹在纯粹的精神里。这就是心灵的追求，这和肉体的渴望并不相同。当个体从爱的角度去做任何事情时，都和善恶没有任何联系。虚荣心有时候也不是绝对负面的东西，它能够推动我们成为自己最难以到达的那种人的状态，这也和道德体系的起源有关。

幸福是一种感受，人在对外界做出任何力的作用的同时，也会同样感受到外力的反馈，与其说别人有没有给你幸福，不如说你是否给出了可以反馈幸福的幸福感。尼采的这句话也十分有名，那就是：“人如果一直盯着那阴森的深渊，那么深渊也会反过来盯着你，长期和怪兽搏斗的人要小心自己被同化成为怪兽。”不光是外在影响的反作用力，思维和心智上的反作用力也很可观。比如有的人用技巧让邻居认可自己的美，接着又暗自觉得邻居的认可是发自其内心的，这俨然就是心理的幻术。

环境的作用非常强大，而能够树立楷模和图腾的对象则成了一切的中心：当我们围绕着英雄的时候，所有都变成了悲剧；当被半人半神的怪物环绕时，所有的一切都变成了滑稽戏；而当一切都围绕上帝时，那么所有的整体是什么呢？那就应该是所谓的世界了。那么我们现在需要围绕的是什么呢，是超人，是可以营造新的世界观并构建新的价值体系的人，是可以给我们提供一个实现生命价值环境的人。

最令人感到无法理解，也是最让人感到遗憾的是，我们需要的是可以带领人类进入迷狂的超人，也就是少有的他本身可以进入疯狂的、摆脱平庸状态并超越自身的人，可是他却屡屡在各种政党、集团和时代上体现出疯狂的一面，在需要的地方疯狂而本身不愿意现身，却喜欢在不受欢迎的地方玩耍。

总之，尼采的超越是关于精神和心灵的超越，幸福并不来自任何外部因素，而是从内心散发出的光芒。闪耀着绚烂光芒的心灵照射在什么对象上，都会映射出五彩的美丽图景，甚至审美都不是心灵需要去完成的目的，它本身就可以自给自足，也就是说幸福不需要任何的形式与目的。尼采对人的幸福观的价值标准也进行着重估，有趣的是，尼采似乎是心灵鸡汤的鼻祖，也是最为原汁原味的宗师，因为他的心灵学说只是关于存在的，和世俗无关，从一开始就定下了绝高的格调，只是后来的所谓各种鸡汤都是变了味道的山寨而已。

点评：

尼采认为每个看似普通的人心里都有权力意志，人生的快乐也源自于此。解放自我心灵、拥抱自己的心，当内心的曙光升起时，人生的价值和意义也得以实现。想要让心灵的曙光升起，就是要突破表象来寻找生命真正的价值和快乐。曙光它不是终点，也不存在终点，相反，希望从此开始，它虽然没到达快乐之巅，却是弥足珍贵的时刻。此外，尼采所谓的超越是精神的超越、心灵的超越，幸福是由内心散发而出的光芒，它不来自任何外部因素。